ALÉM DE RELIGIÃO

Sua Santidade o Dalai Lama

Além de religião

Uma ética por um mundo sem fronteiras

Tradução de Beatriz Bispo

LÚCIDA LETRA

Copyright: © Tenzin Gyatso, the Fourteenth Dalai Lama of Tibet, 2012
Copyright desta edição:
© Editora Lúcida Letra, 2016

Título original: *Beyond Religion: Ethics for a Whole World*

Coordenação editorial: Vítor Barreto
Projeto gráfico de capa e miolo: Bibi | Studio Creamcrackers
Preparação: Lia Beltrão
Revisão: Thaís de Carvalho, Heloísa Pupatto Fiuza de Andrade, Maria de Lourdes Zanettini Martins, Sayane Pagnoncelli Martins, Fabio José Alfredo Santos da Rocha

1ª edição 05/2016, 2ª reimpressão 09/2021

Dados Internacionais de Catalogação na Publicação (CIP)

B916a   Bstan-'dzin-rgya-mtsho, Dalai Lama XIV, 1935-.
           Além da religião : uma ética por um mundo sem fronteiras / Sua Santidade o Dalai Lama. – Teresópolis, RJ: Lúcida Letra, 2016.
224p. ; 21 cm.
Tradução de: Beyond religion : ethics for a whole world.
ISBN 978-85-66864-26-7

1. Ética. 2. Valores. 3. Secularismo. 4. Felicidade. 5. Espiritualidade.
I. Título.

CDU 17.02
CDD 170.44

Índice para catálogo sistemático:
1. Ética   17.02
(Bibliotecária responsável: Sabrina Leal Araujo – CRB 10/1507)

Agradecimentos

Enquanto escrevia este livro, tive a sorte de ser auxiliado pela mesma equipe editorial que trabalhou no meu livro Uma Ética para o Novo Milênio (Editora Sextante, 2000), além de uma ou duas outras pessoas. Gostaria de expressar o meu reconhecimento e gratidão pelos esforços dos membros do meu escritório particular, pela inestimável ajuda do meu tradutor de longa data, Thupten Jinpa Langrie, e pelos cuidados editoriais de Alexander Norman e seu sócio George FitzHerbert.

Espero sinceramente que o conteúdo deste livro possa contribuir – mesmo que em pequena escala – para a construção de um mundo mais compassivo e pacífico. É claro que não iremos mudar o mundo da noite para o dia. Nem o faremos com um pequeno tratado como este. A mudança virá gradualmente através da conscientização crescente e esta, por sua vez, somente será desenvolvida com a educação. Se o leitor encontrar algo escrito aqui que lhe seja benéfico, então nossos esforços terão sido recompensados. Caso não encontre, não deve se sentir constrangido em deixar de lado este livro.

O Dalai Lama
Dharamsala, 02 de junho de 2011.

PARTE I

Uma nova visão da ética secular

Introdução, **10**

1. Repensando o secularismo, **18**
2. Nossa natureza humana comum, **38**
3. A busca da felicidade, **48**
4. Compaixão, a base do bem-estar, **58**
5. Compaixão e a questão da justiça, **76**
6. O papel do discernimento, **93**
7. Ética em nosso mundo compartilhado, **103**

PARTE II

Educando o coração através
do treinamento da mente

Introdução: Começando consigo mesmo, **122**

8. Cultivando uma mente ética no cotidiano, **124**
9. Lidando com emoções destrutivas, **135**
10. Cultivando valores internos essenciais, **161**
11. Meditação como cultivo mental, **180**

Posfácio, **212**

Uma nova visão da ética secular

PARTE I

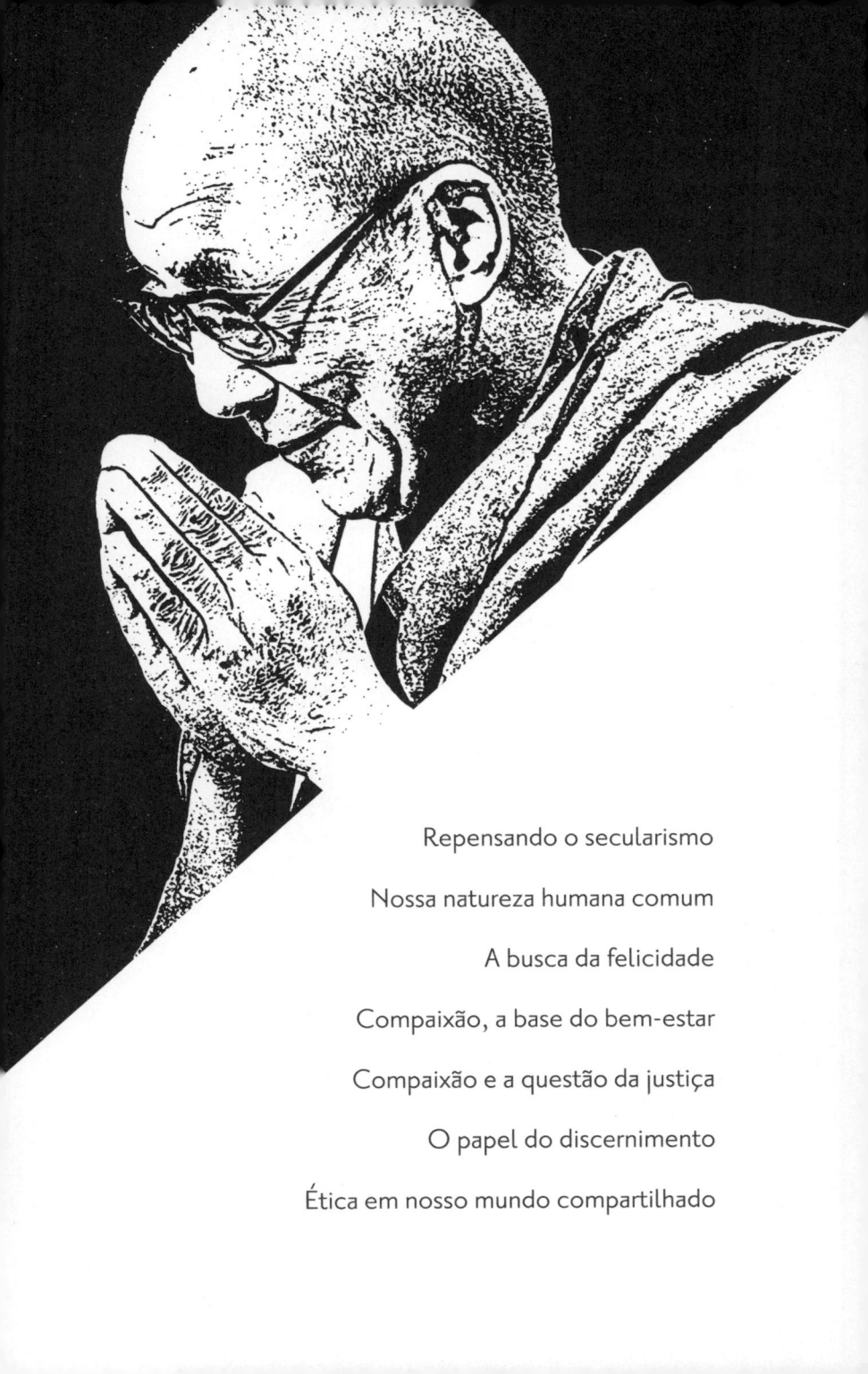

Repensando o secularismo

Nossa natureza humana comum

A busca da felicidade

Compaixão, a base do bem-estar

Compaixão e a questão da justiça

O papel do discernimento

Ética em nosso mundo compartilhado

INTRODUÇÃO

Eu sou um homem velho. Nasci em 1935, em um pequeno vilarejo no nordeste do Tibete. Por razões além do meu controle, vivi a maior parte de minha vida adulta como um refugiado apátrida na Índia, que tem sido a minha segunda casa há mais de cinquenta anos. Muitas vezes brinco que sou o hóspede mais antigo deste país. Assim como outras pessoas da minha idade, testemunhei muitos acontecimentos dramáticos que moldaram o mundo em que vivemos. Desde o final dos anos 1960, tenho viajado muito e tive a honra de conhecer pessoas de muitas origens diferentes: não apenas presidentes, primeiros-ministros, reis, rainhas e líderes de todas as grandes tradições religiosas do mundo, mas também um grande número de pessoas comuns de todas as classes sociais.

Olhando para as décadas que se passaram, tenho muitos motivos para me alegrar. Através dos avanços da ciência, doenças que eram fatais foram erradicadas. Milhões de pessoas saíram da pobreza e tiveram acesso à educação e a cuidados médicos. Temos uma declaração universal dos direitos humanos e a conscientização sobre a sua importância aumentou tremendamente. Como resultado, os ideais de liberdade e democracia se espalharam por todo o mundo e há um crescente reconhecimento da igualdade humana. Também há uma crescente conscientização sobre a importância de um ambiente saudável. Em muitos aspectos, a segunda metade do último século foi de grandes avanços e mudanças positivas no mundo. Mas apesar de grandes avanços em muitas áreas, há ainda grande sofrimento, e a humanidade continua a enfrentar enormes dificuldades e problemas. Enquanto em partes mais prósperas do mundo pessoas desfrutam de estilos de vida altamente consumistas, em outras existem milhões de pessoas cujas necessidades básicas ainda não foram resolvidas. Com o fim da Guerra Fria, a ameaça de uma destruição global por armas nucleares diminuiu, mas muitos continuam a passar pelo sofrimento e pelas tragédias dos conflitos armados. Em muitas áreas, as pessoas também têm enfrentado problemas ambientais que ameaçam sua própria subsistência e outros muito piores. Simultaneamente, muitos outros lutam para sobreviver em face à desigualdade, à corrupção e à injustiça.

Estes problemas não estão limitados aos países em desenvolvimento. Em países mais ricos também há muitas dificuldades, incluindo problemas sociais generalizados: alcoolismo, abuso de drogas, violência doméstica, desagregação familiar. Há preocupação dos pais com seus filhos, com sua educação e com o que o futuro reserva para eles. Além disso, temos que admitir a possibilidade de que a ação humana esteja prejudicando o nosso planeta de forma irreversível, uma ameaça que cria um medo adicional. Somam-se as pressões da vida moderna, que provocam estresse, ansiedade, depressão e, cada vez mais, a solidão. Como resultado, em todos os lugares que visito, as pessoas reclamam. Até eu mesmo, de vez em quando, me percebo reclamando!

É claro que há alguma coisa seriamente em falta na forma como nós, seres humanos, estamos conduzindo as coisas. Mas o que nos falta? O problema fundamental, acredito eu, é que em todos os níveis estamos dando exagerada atenção aos aspectos externos, materiais da vida, e negligenciando a ética moral e os valores internos.

Por valores internos refiro-me às qualidades que apreciamos nos outros, e para as quais todos temos um instinto natural, herança de nossa natureza biológica como animais que sobrevivem apenas em um ambiente onde há cuidado, carinho, cordialidade – em resumo, em que há compaixão. A essência da compaixão é o desejo de aliviar o sofrimento dos outros e promover seu bem-estar. Este é o princípio espiritual a partir do qual todos os outros valores internos positivos surgem. Todos admiramos nas pessoas as qualidades de bondade, paciência, tolerância, perdão e generosidade e, da mesma forma, todos temos aversão a demonstrações de cobiça, maldade, ódio e intolerância. Então, se desenvolvermos ativamente qualidades positivas – que surgem devido à nossa predisposição inata para a compaixão – e ao mesmo tempo aprendermos a combater nossas tendências destrutivas, nossa atitude será apreciada por todos. Sem dúvida, os primeiros beneficiados pelo fortalecimento de tais qualidades seremos nós mesmos. Ignorar nossas vidas interiores é algo que prejudica a nós mesmos e muitos dos grandes problemas que enfrentamos no mundo atual são resultados deste ato de negligência.

Tempos atrás visitei Orissa, região no leste da Índia onde a pobreza, especialmente entre as comunidades tribais, culminou em contínuos conflitos e revoltas. Na ocasião, durante o encontro com um parlamentar local, pudemos discutir sobre estas questões. Do encontro, deduzi que há uma série de mecanismos legais e projetos governamentais bem financiados, já em vigor, destinados a proteger os direitos dos povos tribais e até mesmo dar-lhes assistência material. O problema, segundo ele, é que, devido à corrupção, estes programas não estavam beneficiando os destinatários. Quando projetos assim são corrompidos pela desonestidade, ineficiência e irresponsabilidade por parte daqueles que deveriam colocá-los em execução, tornam-se inúteis.

Este exemplo mostra claramente que, mesmo quando um sistema é bom, sua eficácia depende da forma como ele é *utilizado*. Em última análise, qualquer sistema, qualquer conjunto de leis e procedimentos, só pode ser eficaz se as pessoas responsáveis por sua implementação também forem competentes. Quando um bom sistema é mal utilizado devido à falta de integridade pessoal, pode facilmente se tornar uma fonte de danos ao invés de uma fonte de benefícios. É uma verdade geral que se aplica a todos os campos da atividade humana, até mesmo à religião. Embora a religião tenha o potencial de ajudar as pessoas a levarem uma vida significativa e feliz, quando mal utilizada também pode se tornar fonte de conflitos e divisões. Da mesma forma, nas áreas de comércio e finanças, os próprios sistemas podem ser bons, mas se as pessoas que os utilizam não têm escrúpulos e são guiadas pela ganância, os benefícios desse sistema serão prejudicados. Infelizmente vemos isto acontecer em muitos tipos de atividades humanas – até mesmo nos esportes internacionais, onde a corrupção ameaça a verdadeira noção de um jogo correto.

Naturalmente, muitas pessoas inteligentes estão cientes desses problemas e trabalham sinceramente para corrigi-los dentro de suas próprias áreas de especialização. Políticos, funcionários públicos, advogados, educadores, ambientalistas, ativistas, entre outros – pessoas de diferentes setores já estão engajadas nesse esforço. Isto é ótimo, dentro das suas possibilidades. Porém, o fato é que os nossos problemas nunca irão se resolver apenas com a criação de novas leis e regulamentos. Em última análise, a fonte de nossos problemas é individual. Se uma pessoa não possui valores morais e integridade, nenhum sistema de leis e regulamentos será adequado. Enquanto as prioridades forem os valores materiais, a injustiça, a corrupção, a desigualdade, a intolerância e a ganância – todas estas manifestações externas causadas por negligenciarmos os valores internos persistirão.

Então o que devemos fazer? Aonde podemos pedir ajuda? A ciência, com todos os benefícios proporcionados ao mundo externo, ainda não forneceu uma base científica para o desenvolvimento dos fundamentos da integridade pessoal – os valores humanos básicos internos que apreciamos nos outros e que precisamos desenvolver em nós mesmos. Deveríamos então procurar os valores internos na religião como as pessoas têm feito há milênios? Certamente a religião ajudou milhões de pessoas no passado, ajuda milhões no presente e continuará ajudando no futuro. Porém, apesar de todos os benefícios que oferece em relação à orientação moral e a um significado na vida, no mundo secular de hoje, a religião sozinha não é mais adequada como base para a ética. Uma razão para isto é que muitas pessoas já não seguem nenhuma religião em particular. Outra razão é que, na era da globalização, em que as pessoas estão mundialmente mais próximas e interconectadas, vivendo em sociedades multiculturais, a ética baseada em uma única religião atrairia poucos e não seria significativa para todos. No passado, quando os povos viviam relativamente isolados e separados uns dos outros – como nós, tibetanos, que vivemos muito felizes atrás de nossa parede montanhosa por muitos séculos –, o fato de cada grupo seguir uma abordagem da ética baseada em sua própria religiosidade não apresentava dificuldades. Atualmente, qualquer resposta baseada na religião ao problema da nossa negligência aos valores internos nunca poderá ser universal porque será insuficiente. Precisamos hoje de uma abordagem da ética que não recorra à religião e que possa ser aceita tanto por aqueles que têm fé como pelos que não a possuem: uma ética secular.

Esta afirmação pode parecer estranha vinda de alguém que desde muito cedo viveu em vestes de monge. No entanto, não vejo nenhuma contradição. Minha fé me induz a lutar pelo bem-estar de todos os seres sencientes. Ir além da minha própria tradição e chegar àqueles de outras religiões ou àqueles que não têm nenhuma é alcançar integralmente o meu objetivo.

Tenho confiança em que é possível e vale a pena tentar uma nova abordagem secular para uma ética universal. Esta certeza vem de minha convicção de que todos nós, seres humanos, somos fundamentalmente inclinados ou propensos àquilo que percebemos como bom. Tudo o que fazemos, é porque achamos que vai ser de algum benefício. Ao mesmo tempo, todos nós apreciamos a qualidade da bondade nos outros. Somos todos naturalmente orientados pelos valores humanos básicos de amor e compaixão. Preferimos receber amor a ódio e preferimos receber generosidade a avareza. E quem de nós não prefere a tolerância, o respeito e o perdão pelas nossas falhas, ao invés de ser tratado com intolerância, desrespeito e ressentimento?

Sou da opinião firme de que temos ao nosso alcance um caminho e os meios para alicerçar os valores internos sem contradizer nenhuma religião e, ainda mais importante, sem depender de nenhuma religião. O desenvolvimento e a prática desta nova visão sobre a ética são o que proponho elucidar no decorrer deste livro. A minha esperança é que este livro possa ajudar a promover a compreensão de que precisamos de uma ética consciente e de valores internos nesta era de materialismo excessivo.

Desde o princípio, quero deixar claro que não é minha intenção promover uma ditadura de valores morais. Se o fizesse, não seria de nenhum benefício. Tentar impor princípios morais através de comando externo nunca será efetivo. Ao invés disso, proponho a cada um de nós desenvolver a compreensão sobre a importância de valores internos. Pois estes valores internos são a fonte tanto de um mundo eticamente harmonioso quanto da paz mental individual, da confiança e da felicidade que todos nós procuramos. É claro que todas as grandes religiões do mundo, com sua ênfase no amor, compaixão, paciência, tolerância e perdão, podem e de fato promovem os valores internos. Mas a realidade do mundo atual é que uma ética baseada na religião não é mais apropriada. Por isso acredito que chegou a hora de encontrar uma maneira de pensar sobre espiritualidade e ética além da religião.

1
Repensando o secularismo

VALORES INTERNOS NA ERA DA CIÊNCIA

Sou um homem religioso, mas a religião por si só não pode solucionar todos os nossos problemas.

Há algum tempo participei da cerimônia formal de abertura de um novo templo budista em Bihar, uma região densamente povoada e pobre do norte da Índia. O governador do estado de Bihar, um velho amigo, fez um belo discurso expressando sua convicção de que, com as bênçãos do Buda, o estado de Bihar iria prosperar. Quando chegou minha vez, disse, em tom de brincadeira, que se a prosperidade de Bihar dependesse apenas das bênçãos do Buda, já deveria ter prosperado há muito tempo! Afinal, Bihar é o estado onde está localizado o lugar mais sagrado para os budistas — Bodhgaya[1] —, onde o Buda histórico alcançou a completa iluminação. Para uma mudança verdadeira, precisamos de mais do que as bênçãos do Buda e as orações, apesar de estas serem poderosas. Precisamos também de ação, o que só ocorrerá através do esforço de pessoas capacitadas, como o governador do estado e outros como ele.

Não estou sugerindo que bênçãos e orações sejam inúteis. Na verdade, considero a oração de imenso benefício psicológico. Mas temos que aceitar que seus resultados tangíveis são, muitas vezes, difíceis de se perceber. Quando se trata de obter determinados resultados diretos, é claro que os efeitos da oração não podem ser comparados com os resultados da ciência, por exemplo. Há alguns anos, quando estive doente, certamente foi confortável saber que muitas pessoas oravam por mim, mas admito que foi ainda mais reconfortante saber que o hospital onde estava sendo tratado possuía os mais recentes equipamentos para lidar com a minha condição.

À luz do nosso crescente domínio sobre muitos aspectos do mundo físico nos últimos duzentos anos ou mais, não é de se estranhar que muitas pessoas ainda hoje questionem sobre a necessidade de seguir ou não uma religião. Coisas que no passado eram apenas sonhos – como a cura para certas doenças, viagens espaciais, computadores – tornaram-se realidade através da ciência. Consequentemente, não é surpresa que muitos coloquem todas as suas esperanças na ciência, e até mesmo acreditem que a felicidade possa ser alcançada através do materialismo que a ciência pode proporcionar.

Posso entender que a ciência tem, em certos aspectos, minado a fé da religião tradicional, mas não vejo nenhuma razão para que os avanços da ciência tenham o mesmo efeito sobre a noção de valores internos ou espirituais. Na verdade, na era científica, a necessidade de incrementar os valores internos é mais urgente do que nunca.

A fim de tornar os valores internos e a vida ética atraentes, o ideal seria apresentá-los integralmente em termos herdados da ciência. Embora ainda não seja possível fazer isto com base em pesquisas científicas, tenho confiança de que, com o passar do tempo, gradualmente emergirão mais e mais casos científicos que comprovarão o benefício de valores éticos internos.

É claro que não sou um cientista e quando criança a ciência não fazia parte da minha educação formal. No entanto, desde que cheguei ao exílio, tenho me esforçado em preencher esta lacuna. Por mais de trinta anos mantive reuniões regulares com especialistas e pesquisadores de diversas áreas científicas, incluindo física, cosmologia, biologia, psicologia e, especialmente nos últimos anos, a neurociência.

As tradições contemplativas em todas as religiões enfatizam muito a exploração do mundo interior da experiência e da consciência. Por isso, um dos meus objetivos nestas discussões tem sido explorar qual é a compreensão científica de áreas como o pensamento, a emoção e a experiência subjetiva.

Sinto-me muito encorajado pelo fato de que a ciência e, particularmente, a neurociência, atualmente estão cada vez mais interessadas por estas questões, depois delas terem sido negligenciadas por tanto tempo. Também estou contente com os recentes desenvolvimentos da metodologia científica nestas áreas, onde o princípio tradicional da verificabilidade objetiva está se expandindo para incluir o domínio da experiência subjetiva. Um exemplo é o trabalho do meu saudoso amigo Francisco Varela na neurofenomenologia.

Há muito tempo tenho interesse em saber que base científica poderia ser usada para a compreensão dos efeitos da prática contemplativa e do cultivo deliberado de qualidades como compaixão, amor, bondade, atenção plena e uma mente calma. Sempre achei que se a ciência pudesse provar as possibilidades e os benefícios de tais práticas, talvez elas pudessem ser fomentadas através do ensino regular.

Por sorte, no momento atual existe um corpo razoavelmente substancial de provas em biologia evolutiva, neurociência e outros campos que sugerem que mesmo do ponto de vista científico mais rigoroso, o altruísmo e a preocupação com o bem-estar dos outros não é apenas uma questão de interesse pessoal, mas também, de certa forma, é algo inato, que faz parte da nossa natureza biológica. Eu creio que tal evidência, quando combinada com uma reflexão baseada em nossas experiências pessoais e senso comum, oferecem um forte argumento sobre o benefício de cultivar os valores humanos fundamentais que não dependem de princípios religiosos ou fé. Eu concordo plenamente com isto.

ABORDANDO O SECULARISMO

Esta é, então, a base do que chamo "ética secular". Estou ciente de que para algumas pessoas, especialmente para alguns irmãos e irmãs cristãos e muçulmanos, o fato de eu usar a palavra "secular" pode gerar alguma dificuldade. Para alguns, ela sugere um firme repúdio, ou mesmo uma hostilidade, à religião. Pode parecer-lhes que, ao utilizar esta palavra, estou defendendo a exclusão da religião dos sistemas éticos, ou mesmo de todas as áreas da vida pública. Porém não é isto que tenho em mente. A minha compreensão da palavra "secular" vem da forma como ela é comumente usada na Índia. A Índia moderna tem uma constituição secular e orgulha-se de ser um país laico. O uso indiano da palavra "secular", longe de sugerir antagonismos em relação à religião ou à fé das pessoas, implica em um profundo respeito e tolerância a todas as religiões, como também uma atitude inclusiva e imparcial que agrega os que não têm uma fé.

Esta compreensão do termo "secular" – que sugere tolerância mútua e respeito a todas as religiões, bem como àqueles que não têm fé – vem de um contexto histórico e cultural particular da Índia. Da mesma forma, acredito que a compreensão ocidental desse termo venha da história europeia. Não sou historiador e nem especialista neste assunto, mas me parece que quando a ciência começou a avançar rapidamente na Europa, houve um movimento em direção a uma maior racionalidade. E essa racionalidade envolve, entre outras coisas, uma rejeição ao que passou a ser visto como superstições do passado. Para muitos pensadores radicais daquela época e até os nossos dias atuais, adotar a racionalidade implicou na rejeição da fé religiosa. A Revolução Francesa, que expressou muitas das novas ideias do Iluminismo europeu, é um bom exemplo disso, com seu forte elemento antirreligioso. É claro que houve também uma dimensão social importante para essa rejeição. A religião passou a ser considerada conservadora, presa à tradição e intimamente associada a regimes arcaicos e todas as suas falhas. O legado desta história, me parece, é que há mais de duzentos anos muitos dos pensadores mais influentes e reformadores no Ocidente viram a religião não como um caminho para a libertação humana, mas como um obstáculo ao progresso. O marxismo, uma das mais poderosas ideologias seculares do século XX, censurou a religião chamando-a de "ópio do povo" – o que acarretou consequências trágicas, como regimes comunistas que, em muitas partes do mundo, suprimiram forçosamente a religião.

Eu sinto que é um resultado desta história o fato de que no Ocidente a ideia de secularismo é frequentemente compreendida como sendo antagônica à religião. Secularismo e religião são muitas vezes vistos como dois opostos e incompatíveis, e há considerável desconfiança e hostilidade entre os seguidores dos dois campos.

Embora não consiga aceitar a ideia de que a religião seja um obstáculo ao desenvolvimento humano, acredito que, no contexto histórico, os sentimentos antirreligiosos são compreensíveis. A história expõe a desconfortável verdade de que instituições religiosas e adeptos de todas as designações estiveram, em algum nível, envolvidos na exploração do próximo. A religião também tem sido usada como um pretexto para o conflito e a opressão, e até mesmo o budismo, com sua doutrina de não violência, não escapa completamente desta afirmação.

Por isso, no Ocidente ou em outros lugares, quando as atitudes negativas das pessoas em relação à religião forem motivadas pela necessidade de justiça, deverão ser respeitadas. De fato, pode-se argumentar que aqueles que expõem a hipocrisia de religiosos que violam os próprios princípios éticos que proclamam, e se manifestam contra as injustiças perpetradas por figuras e instituições religiosas, na verdade estão beneficiando e fortalecendo as tradições. No entanto, ao avaliar essas críticas, é importante fazer a distinção entre críticas dirigidas à religião em si e aquelas dirigidas às instituições religiosas, que são duas coisas completamente distintas. A meu ver, as noções de justiça social não são de forma alguma contrárias aos princípios defendidos pela religião em si, porque no coração de todas as grandes tradições de fé está fundamentalmente o objetivo de promover as mais positivas qualidades da humanidade e nutrir valores como a bondade, a compaixão, o perdão, a paciência e a integridade pessoal.

SECULARISMO NA ÍNDIA

A palavra "secular" para mim não provoca medo. Ao contrário, estou consciente da intenção dos fundadores da constituição secular da Índia, como o Dr. B. R. Ambedkar e Dr. Rajendra Prasad, este último a quem tive a honra de conhecer pessoalmente. Sua intenção ao promover o secularismo não era acabar com a religião, mas reconhecer formalmente a diversidade religiosa da sociedade indiana. Mahatma Gandhi, a inspiração que estava por trás dessa constituição, era um homem profundamente religioso. Em seus encontros diários de oração, incluiu leituras e hinos de todas as grandes tradições religiosas do país e este exemplo notável até hoje é seguido nas cerimônias públicas indianas.

O tipo de tolerância religiosa que Gandhi personificava não é algo novo na Índia. Tem raízes antigas que remontam a mais de dois mil anos e está revelada, por exemplo, em inscrições em pilares que datam do reinado do imperador

Ashoka, no terceiro século antes de Cristo. Em uma delas recomendava-se: "Honre a religião alheia, porque assim irá fortalecer tanto a sua própria quanto a do outro". Além disso, a literatura sânscrita revela uma cultura clássica que era intelectualmente tolerante e rica em debate. Na Índia, muitas abordagens filosóficas têm sido objeto de grandes discussões desde os tempos antigos. Mesmo aquelas com pontos de vista que se aproximam do materialismo e do ateísmo moderno têm uma história honrada e respeitada na tradição indiana. Textos filosóficos clássicos contêm muitas referências à escola Charvaka[2], cujos adeptos rejeitavam qualquer ideia de Deus e da existência de uma alma ou vida após a morte. Outros pensadores opuseram-se muitas vezes, vigorosamente, às asserções dos Charvaka acusando-os de niilistas, no entanto seu materialismo radical foi levado a sério e tomado como uma posição filosófica, e seu fundador foi geralmente reverenciado como um rishi (sábio). Os defensores dos ideais Charvaka também desfrutaram de um certo nível de reconhecimento e respeito por parte de alguns governantes indianos, muitos dos quais eram excepcionalmente tolerantes às outras crenças religiosas. O imperador muçulmano Akbar, que proporcionou diálogos com os hindus, cristãos e outros, é um exemplo dessa tradição.

Algum tempo atrás, tive um diálogo esclarecedor sobre esse assunto com o ex-primeiro-ministro da Índia, Sr. L. K. Advani. Ele sugeriu que a cultura antiga do país – de tolerância, diversidade e debate – é precisamente o que explica o seu sucesso marcante na manutenção de uma democracia secular, e tenho certeza de que ele tem razão.

Atualmente, a maioria da população indiana é hindu, porém muitas outras religiões também possuem expressiva representatividade. A Índia é o lar da segunda maior população muçulmana do mundo – um fato não apreciado por muitos no Ocidente – e também há milhões de siques e cristãos, bem como um bom número de comunidades jainistas, budistas, zoroastristas e judaicas. De fato, as minorias étnicas e religiosas na Índia são numerosas demais para serem mencionadas. Além disso, existem centenas de línguas diferentes usadas no país até hoje. Em meio a essa enorme diversidade humana, é relativamente comum vermos templos hindus e as torres das mesquitas muçulmanas, os chamados minaretes, lado a lado nas ruas das cidades. De fato, a maioria dos vilarejos possui mais de uma religião representada em sua população.

Recentemente conheci um romeno que, devido a um projeto de pesquisa, havia visitado muitos vilarejos da Índia. Ele me falou especialmente sobre uma aldeia no Rajastão cuja maioria era formada por muçulmanos e que havia apenas três famílias hindus. Ele ficou muito surpreso com o fato destas famílias viverem lá sem nenhum sentimento de medo ou apreensão. Pensei que a sua surpresa deveria ser resultado da propaganda enganosa da mídia ocidental sobre as relações comunitárias na Índia. Certamente houve alguns incidentes graves e profundamente lamentáveis de violência popular na Índia, mas é um erro generalizar isso para o resto do subcontinente. Não obstante tais incidentes isolados, a Índia mantém uma sociedade pacífica e harmoniosa apesar de sua grande diversidade. Claramente, a antiga doutrina indiana de *ahimsa*, ou não violência, floresceu e foi adotada como princípio da coexistência pacífica de todas as crenças. Esta é uma enorme conquista, e algo com o qual outros países do mundo podem aprender.

TOLERÂNCIA NA ERA DA GLOBALIZAÇÃO

Algumas vezes eu me descrevo como sendo um mensageiro moderno do antigo pensamento indiano. Duas das mais importantes ideias que compartilho por onde viajo são: os princípios da não violência e da harmonia inter-religiosa, e ambas são advindas da antiga herança indiana. Embora eu seja tibetano, também me considero, de certa forma, filho da Índia, porque desde criança minha mente foi alimentada pelos clássicos do pensamento indiano. Desde os seis anos de idade, ao iniciar meus estudos como monge, a maioria dos textos que li e memorizei foram escritos por mestres budistas indianos, muitos dos quais pertenciam à antiga universidade de Nalanda[3], na Índia central. E, desde adolescente, meu corpo foi nutrido pela comida indiana: arroz e *dahl* (lentilhas).

Fico muito feliz em compartilhar e promover esta compreensão indiana sobre o secularismo, pois acredito que será de grande valor para toda a humanidade. Com a interconexão e globalização atual, o mundo tornou-se um lugar compartilhado onde pessoas de diferentes pontos de vista, crenças e raças, vivem lado a lado. Muitas vezes fico impressionado com tudo isso durante as minhas viagens, especialmente no Ocidente. Hoje em dia é possível, e de fato provável, que um número considerável de pessoas tenha um vizinho, um colega, ou um chefe que tenha uma língua materna diferente, que se alimente diferente e que siga uma religião diferente.

Portanto, é uma questão de grande urgência encontrarmos formas de cooperar uns com os outros em espírito de aceitação e respeito mútuo. Embora para muitos seja uma fonte de alegria viver em um ambiente cosmopolita onde se possa experienciar um amplo espectro de diferentes culturas, não há dúvida de que, para outros, viver em estreita proximidade com aqueles que não partilham a sua língua ou a sua cultura pode ser uma dificuldade. Isto pode criar confusão, medo e ressentimento, resultando, na pior das hipóteses, em hostilidade e no desenvolvimento de novas ideologias de exclusão baseadas em raça, nacionalidade ou religião. Infelizmente, quando olhamos o mundo, vemos que as tensões sociais são bastante comuns. Além disso, parece provável que, com a continuidade da migração econômica, essas dificuldades aumentem ainda mais.

Em um mundo assim, é vital encontrarmos uma abordagem verdadeiramente sustentável e universal da ética, dos valores internos e da integridade pessoal. Uma abordagem que seja capaz de transcender diferenças religiosas, culturais e raciais, e pela qual as pessoas sintam-se atraídas em um nível fundamentalmente humano. Esta busca por uma abordagem sustentável e universal é o que chamo de "projeto de uma ética secular".

Enquanto sigo na elaboração desta abordagem, devo reconhecer que existem alguns que, apesar de simpatizantes da minha explicação sobre o secularismo do ponto de vista indiano, ainda questionam a viabilidade de desatrelar a ética da religião desta forma. A desconfiança sobre a tentativa de separar os dois é tão forte entre alguns seguidores de tradições teístas que, em algumas ocasiões, ao falar sobre ética publicamente, fui aconselhado a não usar a palavra "secular". Muitos acreditam, com completa sinceridade, que separar a ética da religião é um grande erro, a fonte de muitos dos problemas sociais e morais da sociedade moderna – a desintegração das famílias, o número crescente de abortos, a promiscuidade sexual, o alcoolismo, a dependência de drogas e assim por diante. Para eles, esses problemas resultam, em grande parte, da perda da base para o desenvolvimento dos valores internos que apenas a religião pode fornecer às pessoas. Para aqueles cuja crença está tão intimamente ligada à prática da ética, é difícil imaginar um sem o outro. Para aqueles que acreditam que a verdade requer um Deus, só Deus pode fazer com que a ética prevaleça. Sem Ele como garantia, existe, na melhor das hipóteses, apenas a verdade relativa, de tal modo que aquilo que é verdadeiro para uma pessoa pode não ser verdadeiro para outra. E, em situação como esta, não existe uma base para distinguir o bem do mal, para avaliar o que é certo e o que é errado, ou para dominar os impulsos egoístas e destrutivos e cultivar os valores internos.

Embora eu respeite plenamente este ponto de vista, não compartilho dele. Não concordo que a ética precise se basear em conceitos religiosos ou na fé. Ao contrário, acredito firmemente que a ética também pode emergir de forma simples, como uma resposta natural e racional à nossa própria humanidade e à condição humana que compartilhamos.

RELIGIÃO E ÉTICA

Embora este livro não seja especificamente sobre religião, para o bem do entendimento e respeito mútuo entre as pessoas com fé e aquelas sem, acredito que vale a pena dedicarmos mais tempo para refletir sobre a relação entre religião e ética.

Por milhares de anos, a religião tem estado no coração da civilização humana. Então, não é de se admirar que o interesse pelos outros e os valores internos básicos que surgem a partir deste interesse, tais como bondade, honestidade, paciência e perdão, há muito tempo tenha sido largamente formulado em termos religiosos. Em todas as grandes tradições religiosas do mundo, teístas ou não, esses valores, assim como a autodisciplina, o contentamento e a generosidade, são exaltados como chaves para viver uma vida significativa e vantajosa. E não há nenhuma surpresa nisso. Uma vez que a principal preocupação da religião é com o espírito humano, é inteiramente natural que o desenvolvimento desses valores internos – que trazem recompensas ao nosso próprio bem-estar espiritual e àqueles ao nosso redor – seja parte integrante de qualquer prática religiosa.

Os sistemas de crenças nos quais as religiões do mundo fundamentam e sustentam seus valores internos podem, de forma geral, ser agrupados em duas categorias.

De um lado, temos as religiões teístas, que incluem hinduísmo, siquismo, zoroastrismo, judaísmo, cristianismo e islamismo. Para tais tradições, a ética é, em última análise, baseada na compreensão de Deus como o criador e como a raiz absoluta de tudo que existe. Do ponto de vista teísta, o universo inteiro é parte de uma criação e de um plano divino, de forma que a própria malha desse universo é sagrada. E já que Deus é amor infinito ou compaixão infinita, amar aos outros faz parte de amar e servir a Deus. Em muitas tradições teístas também existe a crença de que após a morte teremos de enfrentar o julgamento divino, e isso proporciona um forte incentivo para um comportamento com moderação e devida cautela enquanto aqui na Terra. Quando tomada seriamente, a submissão a Deus pode ter um efeito poderoso na redução do autocentramento e estabelecer a base para uma visão ética e altruísta bastante firme.

Por outro lado, para as religiões não teístas, tais como o budismo, jainismo, e um ramo da antiga escola indiana Samkhya, não há crença em um criador divino. Ao invés disso, há o princípio fundamental da causalidade, no qual o universo é considerado como sendo sem início. Sem uma figura criadora na qual basear os valores internos e a vida ética, as religiões não teístas fundamentam a sua ética na ideia do *karma*, que em sânscrito significa simplesmente "ação". Então, quando falamos sobre o nosso karma estamos nos referindo a todos os nossos atos intencionais de corpo, fala e mente, e quando falamos sobre os frutos do nosso karma estamos falando sobre as consequências desses atos. A doutrina do karma é baseada na observação da causalidade como uma lei da natureza. Toda ação intencional nossa de corpo, palavra ou pensamento possui um fluxo de consequências potencialmente interminável. Quando combinada com a ideia de renascimento e vidas sucessivas, essa compreensão torna-se uma base poderosa para a ética e o cultivo de valores internos. Por exemplo, um ensinamento-chave do budismo para o cultivo da compaixão envolve considerar todos os seres como tendo sido nossa mãe em algum momento de nossas inúmeras vidas anteriores, a fim de estabelecermos com eles uma profunda conexão empática.

Portanto, todas as religiões, em alguma medida, baseiam o cultivo de valores internos e da consciência ética em uma compreensão metafísica (isto é, que não é empiricamente demonstrável) do mundo e da vida após a morte. Assim como a doutrina do julgamento divino constitui a base dos ensinamentos éticos em muitas religiões teístas, o mesmo papel é exercido pela doutrina do karma e de vidas futuras nas religiões não teístas.

No contexto da religião, essas compreensões – sejam teístas ou não teístas – são de grande importância, uma vez que proporcionam as bases não só para a determinação de viver de forma ética, mas também para a própria salvação ou liberação. Sendo assim, para os praticantes religiosos, a busca por uma vida ética e suas aspirações espirituais finais são inseparáveis.

Não me enquadro entre aqueles que pensam que os seres humanos em breve estarão prontos para dispensar totalmente a religião. Pelo contrário, na minha opinião, a fé é uma força para o bem e pode ser extremamente benéfica. Ao oferecer uma compreensão da vida humana que transcende a nossa existência física temporária, a religião oferece esperança e força para aqueles que enfrentam adversidades. O valor das grandes tradições religiosas do mundo é um assunto que já abordei extensivamente no livro intitulado *Toward a True Kinship of Faiths*⁴. Mesmo com todos os benefícios que a religião proporciona — ao aproximar as pessoas, ao oferecer orientação, consolo e a visão de uma vida feliz que elas podem se esforçar para ter —, não acho que seja indispensável para a vida espiritual.

Mas onde isto nos deixa com relação aos fundamentos da ética e à promoção dos valores internos? Hoje, era científica em que a religião é tomada por muitas pessoas como algo sem sentido, que bases para tais valores nos restam? Como podemos encontrar uma maneira de motivar a nós mesmos eticamente, sem recorrer a crenças tradicionais?

Para mim, embora os seres humanos possam viver sem religião, eles não podem viver sem valores internos. Meu argumento em separar a ética da religião é, portanto, muito simples. A meu ver, a espiritualidade tem duas dimensões. A primeira, base do bem-estar espiritual – com isto refiro-me à força e ao equilíbrio mental e emocional –, não depende de religião, mas faz parte da nossa natureza humana inata como seres sencientes que possuem uma predisposição natural para a compaixão, a bondade e o afeto com os outros. A segunda dimensão é aquela que pode ser considerada como espiritualidade baseada na religião, adquirida a partir de nossa educação e cultura, e está ligada a determinadas crenças e práticas. A diferença entre essas duas dimensões para mim é como a diferença entre a água e o chá. Ética e valores internos sem o conteúdo religioso são como água, algo de que *precisamos* todos os dias para nossa saúde e sobrevivência. Ética e valores internos baseados em um contexto religioso são mais como o chá. O chá que bebemos é composto por água, mas também contém outros ingredientes — folhas de chá, especiarias, talvez um pouco de açúcar ou, pelo menos no Tibete, sal — que o tornam algo que queremos todos os dias, mais nutritivo e substancial. Mas não importa como o chá é preparado, seu principal ingrediente é sempre a água. Enquanto podemos viver sem chá, não podemos viver sem água. Dessa mesma forma, nascemos sem religião, com necessidade de compaixão.

Portanto, mais fundamental do que a religião é a nossa espiritualidade humana básica. Temos uma tendência humana natural para o amor, a bondade e o carinho, independentemente de termos uma formação religiosa ou não. Quando nutrimos essa riqueza humana essencial — quando começamos a cultivar esses mesmos valores internos que todos nós apreciamos nos outros — então começamos a viver espiritualmente. O desafio, portanto, é encontrar uma maneira na qual ancorar a ética e apoiar o cultivo dos valores internos que esteja em sintonia com a era científica, sem negligenciar as necessidades mais profundas do espírito humano que, para muitos, a religião supre.

ANCORANDO A ÉTICA NA NATUREZA HUMANA

Em todas as culturas, todas as filosofias e, na verdade, em todas as perspectivas individuais, não há uma unanimidade sobre a orientação essencial da natureza humana. Pelo contrário, há diferentes pontos de vista. Colocando o assunto da forma mais simples, de um lado existem aqueles que acreditam que somos por natureza violentos, agressivos e competitivos; enquanto de outro lado existem aqueles da opinião de que somos predominantemente predispostos à gentileza e ao amor. A maioria das perspectivas reside entre estes dois extremos, oferecendo espaço para todas as nossas qualidades e tendências em diferentes níveis. De um modo geral, se olharmos para a natureza humana como estando dominada por tendências destrutivas, nossa ética provavelmente estará baseada em algo que está fora de nós mesmos. Nesse caso, compreendemos a ética como um meio para manter essas tendências destrutivas sob controle em função de um bem maior. Se, no entanto, vemos a natureza humana como predisposta para a bondade e para o desejo por uma vida pacífica, então podemos considerar a ética como um meio totalmente natural e racional de cultivar o nosso potencial inato. Nesta visão, a ética consiste não em regras a serem obedecidas, mas em princípios de autorregulação internos para promover aqueles aspectos da nossa natureza que nós reconhecemos como favoráveis ao nosso próprio bem-estar e ao bem-estar dos outros. Esta segunda abordagem está em sintonia com a minha.

DOIS PILARES FUNDAMENTAIS PARA UMA ÉTICA SECULAR

Acredito que uma abordagem inclusiva para uma ética secular, aquela com o potencial para ser universalmente aceita, requer o reconhecimento de apenas dois princípios básicos. Ambos podem ser facilmente compreendidos com base no nosso bom senso e na nossa experiência comum como seres humanos, e ambos são apoiados pelas descobertas de pesquisas contemporâneas, particularmente em áreas como a psicologia, neurociência e as ciências clínicas. O primeiro princípio é o reconhecimento da nossa *natureza humana compartilhada*, e da nossa comum aspiração pela felicidade e por evitar o sofrimento; o segundo é a compreensão da *interdependência* como uma característica-chave da realidade humana, incluindo a nossa realidade biológica como animais sociais. A partir destes dois princípios, podemos aprender a apreciar a interconexão indissolúvel entre o nosso próprio bem-estar e o dos outros, e podemos desenvolver uma preocupação genuína pelo bem-estar alheio. Acredito que as duas abordagens juntas constituem uma base adequada para o estabelecimento de uma consciência ética e para o cultivo de valores internos. É através desses valores que geramos um senso de conexão com os outros, e é indo além do nosso limitado autointeresse que encontramos significado, propósito e satisfação na vida.

Antes de propor uma apresentação sistemática da maneira que imagino essa abordagem secular, direi algumas palavras sobre as circunstâncias e a motivação que modelaram a minha opinião sobre este assunto.

Sou monge budista na tradição Mahayana tibetana desde a infância. Minha compreensão da ética, bem como de questões tais como a natureza humana e a busca da felicidade, estão baseadas nisso. Em um nível pessoal, a minha abordagem diária sobre a prática da ética é profundamente influenciada pelos escritos da tradição indiana de Nalanda, que combina a pesquisa filosófica crítica com uma vida ética e a prática contemplativa. No desenrolar deste livro, explorei alguns meios hábeis da tradição de Nalanda. No entanto, certamente não é a minha intenção, ao apresentar este livro, criar mais budistas! De fato, quando solicitado para ministrar ensinamentos budistas no Ocidente, muitas vezes compartilho a minha própria opinião de que, de modo geral, não é uma boa ideia as pessoas adotarem práticas religiosas que não fazem parte de sua própria cultura e educação. Fazê-lo pode ser difícil e pode gerar uma confusão desnecessária. Ao invés disso, a minha motivação é simplesmente o desejo de contribuir para o aperfeiçoamento da humanidade. Se os recursos da minha própria tradição puderem ser úteis para os que não pertencem a ela, então pode ser bom aproveitá-los. Ao escrever este livro, certamente não estou interessado em propagar a minha própria fé. Estou convidando meus leitores a investigarem essas problemáticas por si próprios. Se eles acharem que algumas elucidações do pensamento clássico indiano são úteis em seus estudos, será excelente, mas se não acharem, também está bem!

Nos capítulos seguintes, ofereço meus pensamentos não como budista, nem como religioso, mas simplesmente como um ser humano entre quase 7 bilhões de outros, uma pessoa que se preocupa com o destino da humanidade e quer fazer algo para protegê-la e melhorá-la.

2 Nossa natureza humana comum

COMO NOS VEMOS

Podemos observar que o modo como as pessoas tratam seus semelhantes e o mundo ao seu redor depende em grande parte de como percebem a si mesmas. Todos nós temos diferentes maneiras de ver "quem somos", e essas diferentes visões influenciam nosso comportamento. Por exemplo, podemos nos considerar em termos de gênero como homem ou mulher, como os seguidores dessa ou daquela religião, como membros de tal raça ou de tal nação. Podemos pensar em nós mesmos em termos da família – por exemplo, como um pai ou uma mãe. Podemos também nos identificar com nosso trabalho, nosso nível de educação ou nossas conquistas. Dependendo da perspectiva que tomamos, criamos diferentes expectativas sobre nós mesmos. E isto, por sua vez, afeta nosso comportamento, incluindo a maneira como tratamos as outras pessoas.

Cada indivíduo tem a sua própria identidade. Por isso, é de fundamental importância, em qualquer tentativa de desenvolver uma abordagem verdadeiramente universal à ética, ter uma compreensão clara daquilo que nos une, ou seja, daquilo que temos em comum, que é nossa natureza humana. Neste sentido, todos os 7 bilhões de pessoas neste planeta são cem por cento iguais.

Para começar, então, vamos considerar o que realmente nos torna humanos. Bem, antes de tudo, é a nossa realidade física: este nosso corpo, composto de tantas partes, ossos, músculos, tantas moléculas de sangue, átomos, e assim por diante.

Em um nível mais básico, não há diferença qualitativa entre a matéria que compõe um ser humano e, por exemplo, a que compõe um pedaço de rocha. Em termos de constituição material, a pedra e os nossos corpos humanos, em última análise, são compostos de agregados de partículas diminutas. A ciência moderna nos revela que toda a matéria do universo está sendo reciclada infinitamente, e muitos cientistas têm inclusive a visão de que os próprios átomos do nosso corpo pertenciam a estrelas distantes no tempo e no espaço.

No entanto, é claro que um ser humano pertence a uma categoria de matéria bastante diferente daquela de um pedaço de rocha. Nascemos, crescemos e morremos, do mesmo modo que as plantas e todos os outros animais. No entanto, ao contrário das plantas, também temos experiência consciente – sentimos dor e experimentamos prazer. Somos seres sencientes, o que em tibetano chamamos de *sems-den*.

Durante uma conversa, dentre muitas, com meu falecido amigo, o neurobiólogo Francisco Varela, discorremos sobre o que distingue as formas de vida sencientes das formas de vida vegetais. Pelo que me lembro, ele sugeriu como critério "a habilidade de um ser vivo de se mover daqui para ali". Se um organismo pode mover todo o seu corpo de um lugar para o outro para escapar do perigo e sobreviver, ou para obter comida e se reproduzir, então ele pode ser considerado um ser senciente. Essa definição me interessou por mostrar que, mesmo do ponto de vista científico, aquilo que define um ser vivo tem algo a ver com a capacidade de sentir prazer e dor e de reagir a essas sensações, mesmo que as reações sejam predominantemente ou totalmente instintivas. Em um nível mais básico, a capacidade de reagir ao ambiente ao redor através de uma experiência consciente é o que podemos considerar, no sentido mais amplo, "mente".

Aqui não é o lugar para tratarmos de forma prolongada este tema tão vasto que é a "mente" e as formas pelas quais a mente humana se distingue da mente dos outros seres. Por isso apenas algumas palavras serão suficientes.

De acordo com a ciência moderna, os constituintes principais da experiência humana são os dados dos nossos sentidos de visão, audição, tato, paladar e olfato. Em um outro nível de percepção estão as nossas experiências subjetivas dessas sensações básicas – se as experienciamos como sendo agradáveis, desagradáveis, neutras, ou uma combinação entre elas. Até onde sabemos, nós e os outros animais compartilhamos esse mesmo tipo de experiência sensorial de prazer e dor. Aves e mamíferos, por exemplo, parecem apreender a experiência sensorial de uma forma muito semelhante à nossa, enquanto que outros tipos de animais, como peixes e insetos parecem diferenciar-se de nós consideravelmente neste quesito.

Não importa quão ampla e variada seja a gama de sensibilidade entre os diferentes tipos de animais, é evidente que todos os seres que têm experiência consciente são naturalmente propensos a procurar experiências agradáveis e evitar aquelas desagradáveis ou dolorosas. Neste ponto fundamental, nós, seres humanos, não somos diferentes dos outros animais. Como eles, procuramos evitar o sofrimento e somos naturalmente atraídos por experiências que sejam agradáveis ou felizes.

Porém, se essa predisposição fundamental é uma característica que define os seres sencientes em geral, os seres humanos constituem uma categoria mais especial. É evidente que no ser humano existe mais do que simplesmente a reação à experiência sensorial. Não somos como cães ou gatos, por exemplo, que em geral respondem às suas experiências puramente por instinto. Ao longo de muitos milhões de anos, nós, seres humanos, desenvolvemos uma complexidade tremenda, que nos distingue de todos os outros animais. Essa diferença se reflete no tamanho de nossos cérebros, que tem um córtex frontal muito mais desenvolvido do que o cérebro de outras espécies.

CONSCIÊNCIA HUMANA E AFINIDADE

Ao discutir a complexidade da mente humana, não me refiro apenas aos nossos processos intelectuais ou racionais e à nossa capacidade de autorreflexão, mas também à gama completa da nossa experiência consciente, que inclui não apenas pensamentos, imaginação e memória, mas também sentimentos e emoções. Na verdade, quando me refiro à "mente" ou à "experiência" normalmente penso nas palavras tibetanas *sem* (mente) e *shepa* (cognição), que se referem não apenas às atividades predominantemente intelectuais – em inglês e em outras línguas ocidentais normalmente associadas às palavras "mente" e "mental" – mas a todas as áreas da nossa experiência interior, incluindo sentimentos e emoções – que nessas línguas são frequentemente descritas como assuntos do *coração*.

Algum tempo atrás, cientistas ocidentais começaram a realizar testes neurocientíficos de longa duração em meditadores tibetanos para analisar os efeitos biológicos de suas práticas contemplativas. Disseram-me que em uma ocasião os cientistas deram uma palestra sobre seus experimentos para um grupo de monges no mosteiro Namgyal, aqui em Dharamsala. Para demonstrar suas técnicas, um dos cientistas colocou na sua cabeça uma touca branca que continha uma grande quatidades de fios e eletrodos e, ao vê-lo, alguns monges começaram a rir. Os cientistas pensaram que eles estavam rindo diante da cena de um cientista ocidental com fios ligados à cabeça. Mas descobriram que os monges riam surpresos porque os fios eram ligados apenas à cabeça e não a outras áreas do corpo. Afinal, se a intenção era medir qualidades tais como a compaixão ou bondade amorosa, outras partes do corpo, como o coração, não seriam igualmente importantes? Atualmente estamos mais voltados aos modelos científicos contemporâneos e não ficamos tão surpresos com a centralidade que a ciência credita ao cérebro. E, de certa forma, os cientistas também mudaram seus métodos, pois agora incluem medidas para detectar alterações no coração.

Sobre a distinção entre a mente humana e a mente de outros seres, algumas características importantes são evidentes. Nós, seres humanos, temos uma capacidade forte e sutil para lembrar, que aparentemente é muito maior do que a de muitos outros animais, e isto nos permite projetar nossos pensamentos no passado. Nós também temos a capacidade de projetar nossos pensamentos no futuro. Além disso, temos uma imaginação muito poderosa e uma capacidade altamente desenvolvida para a comunicação através da linguagem simbólica. E talvez aquilo que nos distingue ainda mais de outros seres seja a nossa capacidade de pensar racionalmente – a habilidade de avaliar criticamente e comparar os diferentes resultados que possam vir tanto das situações reais quanto das imaginárias. Mesmo que outros animais possuam algumas dessas capacidades em grau limitado, não se comparam aos seres humanos em seu nível de sofisticação mental.

Junto com essas características, temos ainda uma qualidade que é fundamental para a nossa identidade como seres humanos: nossa capacidade instintiva para a afinidade. É claro que não estamos sozinhos nisso. Alguns outros animais mostram um comportamento que parece indicar afinidade. No entanto, esta é uma característica humana essencial. Quando vemos alguém com dor, mesmo um estranho na rua, ou quando vemos na televisão ou ouvimos através do rádio uma vítima de catástrofe natural, temos uma reação instintiva ao seu sofrimento. E não só isso, mas também experimentamos um impulso instintivo de fazer algo para ajudar aquele estranho na rua ou para aliviar o sofrimento daquela pessoa que vimos na televisão.

Da mesma forma, quando testemunhamos pessoas superando grandes dificuldades, a nossa capacidade instintiva de nos identificarmos com a experiência delas nos permite compartilhar de suas alegrias. Acredito que, em parte, a razão pela qual muitos de nós gostamos de assistir a filmes, esportes e peças de teatro, de ler livros de entretenimento e assim por diante, é porque, além das emoções que nos proporcionam, eles nos dão a oportunidade de sentir as alegrias e tristezas dos outros como se fossem nossas. Naturalmente, gostamos de experiências com as quais possamos nos identificar e que, muitas vezes, procuramos em nossas vidas. Um exemplo é a alegria que temos em ver as crianças felizes – gostamos de ver seus rostinhos sorridentes quando lhes presenteamos ou contamos-lhes historinhas. Da mesma forma, naturalmente apreciamos a felicidade de nossos entes queridos. Todo mundo prefere ver os outros sorrindo em vez de ver uma cara feia.

Uma vez que somos animais sociais – ou seja, uma vez que nossa sobrevivência e prosperidade dependem de vivermos em sociedade – a nossa capacidade de nos identificarmos com os outros tem profundas implicações em nossa busca pela felicidade e bem-estar.

FELICIDADE E SOFRIMENTO

Todos buscamos felicidade na vida, e eu acho que esta é uma afirmação que não precisa de justificativa. Ninguém deseja dificuldades ou problemas, e isto é algo que se pode ver em nosso próprio corpo. A ciência médica sugere que quando a pessoa é feliz, está em paz, livre de medo e ansiedade, desfruta de benefícios reais para a saúde. É também uma questão de senso comum que mesmo uma pessoa afetada por alguma doença a enfrenta melhor se possui uma perspectiva otimista. Considero uma verdade simples o fato de que nosso corpo é destinado a uma vida feliz. Uma mente feliz é saudável, e uma mente saudável é boa para a saúde do corpo.

Porém, a felicidade e o sofrimento humanos, ao contrário dos outros animais, não são simples. Um cão pode encontrar a felicidade ao comer uma boa refeição e em seguida ir para a varanda se deitar. Embora possamos nos relacionar com tais prazeres simples, é claro que estes de nenhuma maneira são suficientes para a genuína felicidade humana.

Nossa busca incessante pela felicidade e por evitar o sofrimento explica não apenas as maiores conquistas da humanidade, mas também a evolução do nosso cérebro ao longo de muitos milênios. Acho que até mesmo o conceito de religião surgiu a partir dessa busca. No curso de nossa vida, inevitavelmente enfrentamos problemas que estão além da nossa capacidade de controle. Então, a fim de manter nossa esperança e ânimo acesos, desenvolvemos a fé e, a fim de sustentar a fé, fazemos orações, sendo estas o elemento essencial da religião. De modo similar, eu diria que as extraordinárias conquistas humanas na ciência e na inovação tecnológica ao longo dos últimos séculos também derivaram do desejo de superar o sofrimento e alcançar a felicidade.

No entanto, embora a nossa sofisticação mental extraordinária nos distinga a nós, humanos, de outras formas de vida, e nos tenha levado a este surpreendente sucesso enquanto espécie, esta mesma complexidade mental é fonte de muitos dos nossos mais persistentes problemas e dificuldades. A maioria dos problemas que enfrentamos atualmente — como conflitos armados, pobreza, injustiça e degradação ambiental — surgiram e são mantidos devido às ações dessa mente humana sofisticada. Além disso, as mais persistentes fontes de nossos sofrimentos internos em nível individual — tais como o medo, a ansiedade e o estresse — também estão intimamente ligados à nossa complexidade mental e às nossas imaginações férteis.

IGUALDADE FUNDAMENTAL

Nossa busca por felicidade e por evitar o sofrimento é fundamentalmente a mesma e, por isso, somos iguais. Este é um ponto essencial. Se pudermos integrar em nossa vida cotidiana uma apreciação por essa igualdade humana fundamental, tenho total confiança de que isso será de grande benefício, não só para a sociedade em geral, mas também para nós enquanto indivíduos. Para mim, sempre que encontro pessoas — sejam presidentes ou mendigos, negros ou brancos, baixos ou altos, ricos ou pobres, desta ou daquela nação, desta ou daquela fé — tento me relacionar com elas simplesmente como seres humanos que, assim como eu, buscam a felicidade e desejam evitar o sofrimento. Adotar essa perspectiva, acredito que gera uma sensação natural de proximidade, mesmo com aqueles que

– até aquele presente momento – eram completos estranhos para mim. Apesar de todas as nossas características individuais, não importa que nível de educação possamos ter, a posição social que herdamos ou o que possamos ter alcançado em nossas vidas, durante nossa curta existência, todos queremos a felicidade e desejamos evitar o sofrimento.

Por esta razão, muitas vezes digo que os fatores que nos dividem são realmente muito mais superficiais do que aqueles que compartilhamos. Apesar de todas as características que nos diferenciam – raça, língua, religião, sexo, riqueza e muitas outras coisas –, todos somos iguais em nossa natureza humana básica. E essa igualdade é confirmada pela ciência. A sequência genética humana, por exemplo, mostrou que diferenças raciais constituem apenas uma pequena fração de nossa composição genética, a grande maioria da qual é compartilhada por todos nós. Na verdade, no nível do genoma, as diferenças entre os indivíduos se mostraram mais acentuadas do que entre as raças.

À luz dessas considerações, acredito que chegou o momento para que cada um de nós comece a pensar e a agir a partir de uma identidade que se enraíze na frase "nós, seres humanos".

3
A busca da felicidade

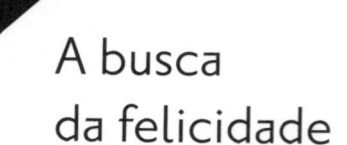

O ser humano sobrevive apenas com esperança e, por definição, esperança implica a ideia de algo melhor. A meu ver, a nossa própria sobrevivência depende da ideia de felicidade futura. Mas se aceitarmos que os seres humanos são fundamentalmente predispostos a buscar a felicidade e a evitar o sofrimento, ainda nos resta investigar o que se entende por felicidade, e de onde ela pode surgir. Felicidade é um termo bastante genérico, o que pode gerar mal-entendidos. Neste livro, por exemplo, deve ficar claro que estamos falando em um contexto secular – não sobre as concepções religiosas da felicidade suprema, mas sim da simples alegria, ou da felicidade no sentido comum do dia a dia.

Como disse anteriormente, para os seres tão complexos que somos, alcançar a felicidade não é simples. Ao contrário da felicidade do cachorro ou do gato, a nossa requer mais do que a simples satisfação do desejo sensorial. Então, quais são as fontes para a felicidade humana?

Existem três fatores imediatos que falam por si mesmos e que contribuem significativamente para o bem-estar humano. E acho que a maioria das pessoas irá concordar com eles: riqueza ou prosperidade, saúde e amizade ou companheirismo.

RIQUEZA, SAÚDE E AMIZADE

Vamos começar com a riqueza. Será que nossa situação material afeta nossa felicidade? Bem, certamente sim! Seria tolice negar a importância dos fatores materiais para o nosso bem-estar. Afinal, mesmo um eremita vivendo sozinho em uma caverna na montanha precisa de comida e roupas. Sem um certo nível de conforto material, não é possível viver com a dignidade que todos nós, enquanto seres humanos, merecemos. Assim, é claro que o dinheiro é um fator importante em nossa busca por evitar o sofrimento e alcançar a felicidade.

Mas quanto dinheiro é suficiente? Em tibetano, por vezes chamamos o dinheiro pelo apelido de *Kunga Dhondup*. Para os nossos ouvidos, a alcunha soa como um nome pessoal comum, mas significa algo como "aquilo que nos faz feliz e pode satisfazer nossos desejos". Como o dinheiro nos dá escolhas e liberdade, é natural que as pessoas o achem muito atraente e pareçam nunca sentir ter o suficiente. Às vezes, em minhas palestras a tibetanos, brinco sobre sua devoção a Kunga Dhondup. Como parte de nossa prática religiosa tradicional, nós tibetanos geralmente recitamos o mantra associado ao Buda da Compaixão, "Om Mani Padme Hum". Fazemos isso com frequência ao longo do dia, de forma tão natural quanto a nossa respiração, mesmo quando estamos ocupados com outras coisas: "Om Mani Padme Hum", dizemos, "Om Mani Padme Hum".

Porém, quando alguém o recita rapidamente, fica murmurado: "Om Mani Padme, Om Mani Padme... Mani Padme... Om mani... mani... mani" — até o ponto em que começa a soar como se estivéssemos dizendo em inglês "money, money, money" (dinheiro, dinheiro, dinheiro)!

Mas, brincadeiras à parte, claramente a riqueza e a prosperidade trazem benefícios. Como seres humanos, precisamos de abrigo decente, ambiente saudável, comidas nutritivas e água limpa. Estas são as nossas necessidades fundamentais e, como tais, são pré-requisitos para a felicidade humana.

No entanto, benefícios adicionais da riqueza — uma casa nova, um carro novo, um novo celular —, embora possam aumentar temporariamente o nível de conforto ou conveniência diária, não trazem nenhuma garantia de satisfação duradoura ou de contribuirem para uma sensação de bem-estar geral. Na verdade, adquirir cada vez mais posses muitas vezes eleva a ansiedade, o estresse e a preocupação, fatores que podem, por sua vez, alimentar a raiva e até o ressentimento.

Curiosamente, evidências reunidas por psicólogos e cientistas sociais nos últimos anos sugerem claramente que aquisições materiais têm apenas efeitos temporários sobre o que eles chamam de "bem-estar mental". Tais estudos indicam que logo após o esgotamento da excitação inicial de uma nova compra, nosso nível de felicidade retorna rapidamente ao seu estado anterior. Em tibetano temos uma expressão que mostra isso claramente, mas não sei se existe uma expressão similar em outras línguas. Quando uma pessoa é atraída pelas emoções de uma nova compra, a chamamos de *a-gsar tsha-po*, algo como "excessivamente apegada ao novo". A implicação é que tal pessoa não só é gananciosa mas também impulsiva e frívola – sempre correndo atrás das mais recentes novidades ou dos mais novos aparelhos e equipamentos eletrônicos. A cultura consumista moderna tende a incentivar este tipo de frivolidade.

De conflitos por recursos naturais no mundo a conflitos no núcleo familiar, frequentemente os valores materiais são a raiz de problemas. Portanto, riqueza material não é garantia de felicidade. De fato, conheci algumas pessoas muito ricas, mesmo bilionários, que me contaram pessoalmente estarem muito insatisfeitas e infelizes com suas vidas. A riqueza cria uma espécie de escudo em torno das pessoas que muitas vezes traz solidão. Ou seja, Kunga Dhondup é um amigo incerto e que também traz muito sofrimento. A riqueza material pode se tornar uma fonte de muito estresse e infelicidade, mas isso não acontece com a riqueza mental baseada no amor e compaixão. Portanto, é óbvio o tipo de riqueza que realmente devemos procurar.

Você poderia argumentar que a riqueza concede uma espécie de segurança e satisfação que é de fato bastante duradoura. Talvez seja assim, mas quão verdadeiramente segura a riqueza material é? Desastres naturais periodicamente nos mostram como é frágil essa segurança material que sentimos ter.

Portanto, muito mais importante do que dinheiro, posse ou status é o nosso estado mental. Os membros de uma família pobre serão felizes se houver afeto, bondade e confiança entre eles. Seus vizinhos ricos podem viver no luxo, mas se a suspeita ou o ressentimento assediam suas mentes, eles não terão felicidade genuína. Essa é uma questão de senso comum. Em última análise, o estado mental é a chave.

Recentes pesquisas da ciência social demostraram não só que os benefícios da riqueza para a mente são temporários, mas também que o nível geral de satisfação social é maior quando a riqueza é distribuída de forma equilibrada do que quando há grandes disparidades entre ricos e pobres. Isto mais uma vez sugere que o bem-estar não pode ser medido objetivamente em termos materiais, mas depende de uma série de fatores contextuais que afetam a atitude mental que se tem em relação à riqueza.

E o que dizer sobre a saúde? Ela é uma fonte de bem-estar? Certamente. Como muitos de nós já pudemos experimentar, quando estamos em constante dor e desconforto, pode ser muito difícil manter uma atitude positiva. Então, cuidar de nossa saúde física é fundamental. Devemos comer bem, dormir bem e praticar exercícios. Se ficarmos doentes, devemos consultar um médico apropriado e qualificado e seguir o tratamento prescrito. Isso é óbvio. Se, no entanto, considerarmos a saúde uma questão exclusivamente física e nos preocuparmos apenas com o estado do nosso corpo, negligenciando os fatores mentais e emocionais, estaremos equivocados, pois não há uma ligação direta entre desfrutar de boa saúde física e ser feliz. Afinal de contas, não pode alguém com um corpo forte e saudável ser infeliz? Na verdade isso é bastante comum. Do mesmo modo, não pode alguém pobre, até mesmo em más condições de saúde, ser feliz? Tenho certeza de que sim. A fragilidade física, no caso de pessoas muito idosas, provoca necessariamente infelicidade? Certamente não! Assim, embora a saúde física contribua para a felicidade humana, ela não é a sua única fonte. Ao invés disso, a verdadeira fonte da felicidade envolve mais uma vez o nosso estado mental, perspectiva e motivação, e nosso nível de cordialidade e gentileza com os outros.

Agora falemos sobre a amizade. É muito importante ter um círculo íntimo de amigos, pessoas com quem podemos passar o tempo e compartilhar experiências. Como somos animais sociais, o relacionamento com os outros é fundamental para o nosso bem-estar. Mas devemos considerar cuidadosamente o que distingue a verdadeira amizade dos relacionamentos superficiais, que trazem apenas benefícios igualmente superficiais. Não há dúvida de que na sociedade humana, dinheiro, posição social e aparência chamam muito nossa atenção. Mas qual é o verdadeiro objeto dessa atenção? É possível que as pessoas não sejam verdadeiramente nossos amigos, mas sim amigos do nosso dinheiro, do nosso status ou da nossa boa aparência? E se for assim, o que aconteceria se nossa sorte desaparecesse? Se perdêssemos nossa boa aparência ou nosso dinheiro? Será que esses amigos ainda estariam lá quando precisássemos deles, ou simplesmente desapareceriam? O perigo é que tais amigos desapareçam rapidamente.

É evidente que a amizade verdadeira pode apenas ter como base a confiança e o afeto, o que só pode surgir quando há um sentimento mútuo de respeito e consideração. Assim, sentimentos de confiança e de gentileza – que se contrapõem a sentimentos de isolamento ou solidão – não dependem da presença de outros, ou da aparência externa de uma amizade, mas sim da nossa sincera atitude de preocupação e respeito com os outros. A verdadeira fonte destes sentimentos está dentro de nós.

Durante uma visita à Espanha há muitos anos, conheci um monge cristão que havia passado cinco anos vivendo como eremita atrás de seu mosteiro. Então lhe perguntei o que fez durante todo esse tempo, e ele respondeu que esteve meditando sobre o amor. Quando me respondeu, em um inglês ainda pior do que o meu, vi em seus olhos a profundidade desse sentimento, e ele não precisou dizer mais nada. Aqui temos um exemplo de alguém que vivia sozinho e não sentia solidão. É o calor humano ou a compaixão, acima de tudo, que nos conecta uns aos outros. Pessoas que aparentam ter muitos amigos e admiradores, todavia, podem se sentir isoladas. Gostaria de lembrar a essas pessoas que o único antídoto para tal solidão é a sua própria atitude interior de afeto, preocupação e gentileza com os demais seres humanos.

DOIS NÍVEIS DE SATISFAÇÃO

As considerações acima revelam que quando falamos de felicidade muitas vezes misturamos dois estados completamente diferentes e independentes – dois níveis de satisfação. De um lado, existem aquelas sensações ou sentimentos agradáveis que vêm com as experiências sensoriais, para os quais riqueza, saúde e amizade contribuem grandemente. De outro, existe um nível mais profundo de satisfação que deriva não de estímulos externos, mas de nosso próprio estado mental. É a este segundo nível – que vem de dentro de nós – a que me refiro quando falo de felicidade humana genuína.

O primeiro tipo de satisfação, sendo dependente de estímulo sensorial, é por natureza frágil e transitório. Tais prazeres perduram só enquanto perdura o estímulo sensorial e, quando este acaba, não deixa nenhuma contribuição permanente para o nosso bem-estar geral. Por exemplo, muitas pessoas gastam uma grande parte do tempo assistindo a eventos esportivos, mas após o evento, o que resta? Qual o benefício duradouro adquirido? Todos os prazeres com base no estímulo sensorial em algum nível originam-se da satisfação de um desejo. E se nos tornamos obsessivos em satisfazer tal desejo, isto acabará por se transformar em sofrimento. Mesmo o prazer de comer pode se transformar em sofrimento quando é excessivo.

Não estou sugerindo que esses prazeres sejam completamente inúteis, mas estou simplesmente salientando que as satisfações que eles trazem são transitórias e envolvem ciclos incessantes de desejo. No mundo materialista de hoje, em que os valores internos são com frequência negligenciados, é fácil cair no hábito constante de procurar estímulos sensoriais. Muitas vezes noto que se as pessoas não estão ouvindo música, assistindo televisão, falando ao telefone e assim por diante, sentem-se entediadas ou inquietas e não sabem o que fazer. Isto indica que sua sensação de bem-estar é fortemente dependente do nível de satisfação sensorial.

Mas o que dizer do nível interior de satisfação? De onde ele vem? E como pode ser alcançado? Bem, antes de tudo, a felicidade genuína requer certa serenidade mental. Se esta estiver presente, as dificuldades não nos afetarão tanto. Com a força e a estabilidade da mente derivadas da paz interior, podemos resistir a todos os tipos de adversidades.

O papel determinante da nossa mente em nossa felicidade pode ser facilmente ilustrado. Imagine duas pessoas diagnosticadas com a mesma doença terminal, por exemplo, um tipo de câncer incurável. Uma delas responde a esta notícia com raiva e autopiedade, obsessivamente focando na injustiça da situação, enquanto a outra responde com calma e aceitação. Em ambos os casos, a condição material, em termos de saúde física e sofrimento, é a mesma. Mas a primeira pessoa atrai sobre si mesma adicional sofrimento psicológico e emocional, enquanto aquela com a mente calma está melhor preparada para continuar a vida experienciando as coisas que trazem alegria – talvez a família, a dedicação em fazer determinadas coisas ou a leitura. A única diferença entre as duas é o estado mental de cada uma.

Com esta atitude positiva interior é possível, mesmo em circunstâncias extremamente agravantes, manter um certo nível de felicidade. No entanto, sem essa força interior, nenhuma gratificação sensorial irá nos fazer feliz.

Um estado de mente pacífico é o primeiro passo para a nossa defesa contra as dificuldades e os sofrimentos, mas existem outros fatores cruciais que contribuem imensamente para o nosso nível de felicidade e alegria genuína. O mais importante destes fatores, segundo estudos científicos recentes, é ter um propósito que transcenda o autointeresse limitado e o sentimento de estar conectado com os outros ou de pertencer a uma comunidade. Pessoalmente, acredito que a raiz de ambos seja a compaixão ou o calor humano, e é disto que vou tratar agora.

4

Compaixão, a base do bem-estar

Como todos os outros mamíferos, nós, seres humanos, nascemos de nossas mães e, por algum tempo após o nascimento, somos totalmente dependentes dos cuidados dela ou de outras pessoas. Durante nove meses somos alimentados no ventre de nossa mãe e no momento do nascimento somos completamente incapazes. Não conseguimos sentar, engatinhar, muito menos ficar em pé ou andar e, sem o cuidado e a atenção dos outros, não poderíamos sobreviver. Neste estado de absoluta vulnerabilidade, nosso primeiro ato como recém-nascidos é sugar o seio de nossa mãe. E com este leite somos alimentados e fortificados. A verdade é que o período de dependência dos seres humanos é particularmente longo. Isso vale para todos nós, incluindo até mesmo os piores criminosos. Sem o amor e o cuidado dos outros, não teríamos sobrevivido mais do que poucos dias. Como resultado desta intensa necessidade que temos do cuidado dos outros durante a infância, a predisposição ao afeto faz parte da nossa natureza biológica.

Esta é uma característica que compartilhamos com muitos outros mamíferos, e também com os pássaros –

criaturas cuja sobrevivência precoce depende do cuidado de outros. Todos esses animais experienciam claramente alguma forma de sentimento de conexão ou vínculo uns com os outros. Mesmo que não possamos chamá-lo de afeto, todos eles possuem um tipo de sentimento de proximidade. Isto é bem diferente das tartarugas ou borboletas, que colocam seus ovos e em seguida os deixam, para nunca mais verem seus filhos novamente. Uma vez que para alguns animais não existe um período de nutrição, me pergunto se eles podem apreciar o afeto. Recentemente, durante uma palestra na Universidade de Oxford, sugeri, meio brincando, que os cientistas na plateia fizessem alguma pesquisa a respeito. Por exemplo, estes animais que não necessitam desse período de criação ou nutrição reconhecem seus pais? De alguma forma eu duvido disto, e é algo que estaria muito interessado em observar.

Mas para os seres humanos, com seu longo período de nutrição, a preocupação e o afeto dos outros nesta fase é obviamente crucial para a nossa sobrevivência e bem-estar. Pesquisas médicas recentes mostram que o próprio toque físico de uma mãe ou de um cuidador durante a primeira infância é um fator crucial para a ampliação física do cérebro. E a psicologia moderna confirma que o cuidado que recebemos na nossa infância tem um profundo impacto em nosso desenvolvimento emocional e psicológico. Esta pesquisa também mostra que as pessoas que não recebem afeto quando crianças são mais propensas a terem um profundo senso de insegurança na vida adulta.

Há alguns anos tomei conhecimento de um projeto que visa a melhorar o serviço prestado em orfanatos em regiões problemáticas da América Latina. As medidas propostas por este projeto são resultado de uma considerável pesquisa científica e psicológica, mas são ao mesmo tempo bastante simples, realmente uma questão de bom senso, visto que os estudos mostram o papel crucial do calor humano e do afeto para o desenvolvimento mental e físico na infância. Estas medidas incluem, por exemplo, oferecer às crianças dormitórios menores e mais aconchegantes, e designá-las, em pequenos grupos, a um único cuidador, fazendo com que tenham a oportunidade de desenvolver algo semelhante a uma relação familiar natural. No caso de bebês, os cuidadores são incentivados a usar muito contato físico e de conversar com eles olhando em seus olhos durante a troca de fraldas. Tais medidas, embora simples, podem ter um impacto que perdurará pela vida inteira.

Nossa dependência dos outros é mais aparente na infância, mas não termina aí. Sempre que nos deparamos com dificuldades na vida, procuramos o apoio de outras pessoas. Por exemplo, quando estamos doentes vamos ao médico. Assim será por toda nossa vida. Até mesmo a nossa saúde física se beneficia de um simples carinho e calor humano. Nossa recuperação física não é apenas uma questão de recebermos o tratamento médico adequado ou de injetarmos medicamentos em nossa corrente sanguínea – também depende significativamente do cuidado humano que recebemos.

Recentemente este ponto ficou claro para mim, ao passar por uma cirurgia de remoção da vesícula biliar em Nova Délhi. Deveria ter sido uma cirurgia pequena, mas, devido a algumas complicações, um procedimento de vinte minutos levou quatro horas e eu precisei passar alguns dias me recuperando no hospital. Felizmente, os médicos e enfermeiros que trabalhavam ali foram muito afáveis e bondosos comigo, e me lembro de momentos de alegria e risadas. Não duvido que a minha rápida recuperação tenha sido consideravelmente ajudada pelo ambiente de calor humano e alegria que eles criaram.

Também dependemos muito do calor humano e da bondade dos outros quando chegamos ao fim da vida. E é muito melhor partirmos deste mundo cercados de amor e afeto, em um ambiente de paz e felicidade, do que estarmos cercados por indiferença e hostilidade, em um ambiente de discórdia e ressentimento. Do ponto de vista puramente racional, aquilo que os outros sentem por nós quando estamos prestes a morrer não deveria nos importar, pois uma vez que deixemos este mundo suas atitudes não poderão nos afetar. Mas na verdade nos importamos e muito. No momento da morte, a atitude bondosa dos outros nos interessa profundamente, e isto é simplesmente um fato da natureza humana.

É claro, os seres humanos não estão sozinhos no que se refere a depender do calor e afeto dos outros. Estudos científicos chegaram a conclusões semelhantes em relação a vários outros mamíferos que também precisam de nutrição. Por exemplo, ouvi recentemente uma apresentação de alguns cientistas sobre o comportamento de macacos. Eles observaram que os macacos jovens que viveram com suas mães eram, em geral, mais brincalhões e menos briguentos do que aqueles separados de suas mães ao nascer. Os que haviam sido separados de suas mães demostravam um comportamento agressivo, sugerindo que eram emocionalmente agitados e que lhes faltava um senso interno de segurança. Outro estudo demonstrou a importância do afago no início do desenvolvimento físico de ratos. Mesmo os ratos que tinham sido criados especialmente para serem ansiosos, responderam positivamente ao serem lambidos, e seu comportamento ansioso diminuiu gradativamente sob a influência desse tipo de cuidado. Os cientistas foram até mesmo capazes de rastrear mudanças físicas nos cérebros desses animais desafortunados, mostrando que o afago realmente liberou substâncias químicas calmantes em seus cérebros, baixando os níveis dos hormônios do estresse no corpo.

Com tudo isso, não quero dizer que o nosso bem-estar seja algo inteiramente passivo ou dependente da forma como os outros nos tratam. Ainda mais importante do que o calor e o afeto que recebemos é o calor e o afeto que damos. É oferecendo calor, afeto e genuína preocupação com os outros – em outras palavras, é através da compaixão – que criamos as condições para obtermos a verdadeira felicidade. Por esta razão, amar tem uma importância maior do que ser amado.

Muitas pessoas erroneamente supõem que a compaixão é uma prática religiosa, mas não é este o caso. É verdade que ela é central em ensinamentos sobre ética em todas as grandes tradições religiosas, mas não é um valor religioso em si. Como já disse, muitos animais podem apreciá-la, e certamente os mamíferos têm capacidade para isso.

Outras pessoas entendem que sentir compaixão pelos seus semelhantes só irá beneficiar os outros e não a si próprios, e isto também não é verdade. Se a nossa bondade irá beneficiar ou não os outros, isso dependerá de muitos fatores, alguns dos quais estão fora do nosso controle. No entanto, conseguindo ou não beneficiar nossos semelhantes, os primeiros a serem beneficiados com este ato seremos sempre nós mesmos. Quando a compaixão ou o calor humano surgem, dimininuindo a ênfase que damos ao nosso limitado autointeresse, é como se uma porta interna se abrisse. A compaixão reduz nosso medo, aumenta nossa confiança e nos dá força interior. Ao reduzir a desconfiança, ela nos abre para os outros e nos faz sentir conectados a eles, trazendo-nos um sentimento de propósito e significado na vida. A compaixão também nos dá trégua das nossas próprias dificuldades.

Algum tempo atrás, durante uma visita a Bodh-gaya – um importante local de peregrinação budista na Índia –, tive uma infecção gastrointestinal grave. A dor era tão intensa que fui obrigado a cancelar toda a série de ensinamentos que eu havia programado ministrar lá. Fiquei muito triste por decepcionar milhares de pessoas que tinham viajado de lugares distantes para participar dos ensinamentos. Porém, precisei ir a um hospital com urgência. Isso significou ter que passar de carro por algumas das mais pobres áreas rurais da Índia.

O desconforto em meu abdômen era agudo e cada vez que havia um solavanco na estrada, a dor parecia me consumir. Olhando pela janela do carro, vi cenas de pobreza generalizada – crianças subnutridas corriam nuas no meio da sujeira; vislumbrei também um idoso, deitado num tipo de maca indiana à beira da estrada, que parecia estar sozinho sem ter ninguém para cuidar dele. Enquanto o carro continuava seu percurso, eu não conseguia parar de pensar sobre a tragédia da pobreza e do sofrimento humano. Mais tarde, notei que, enquanto meus pensamentos se afastaram do meu próprio sofrimento para a contemplação das dificuldades dos outros, a minha dor havia diminuído.

A observação de que a nossa preocupação com os outros contribui para o nosso próprio bem-estar também é apoiada por pesquisas científicas. Atualmente existem cada vez mais provas científicas evidenciando que o amor, a bondade, a confiança e outros, trazem não apenas benefícios psicológicos, mas também benefícios visíveis à saúde física. Tomei conhecimento de um recente estudo que mostra que o cultivo deliberado de amor e compaixão pode inclusive afetar a nossa genética. Um impacto foi observado em partes do nosso DNA conhecidas como *telômeros*, que são associadas ao processo do envelhecimento.

Também foi demonstrado que emoções negativas, como ansiedade, raiva e ressentimento, minam a nossa capacidade de combater doenças e infecções. Recentemente um amigo cientista me disse que emoções negativas persistentes como estas, na verdade, devoram o nosso sistema imunológico.

Anos atrás assisti a uma apresentação em Nova York em que um médico cientista indicou que homens que fazem uso desproporcional e frequente dos pronomes da primeira pessoa, como "eu", "mim" e "meu", são muito mais propensos a sofrer ataques cardíacos. Naquele momento nenhuma explicação foi dada, mas para mim a implicação era bastante clara. O uso frequente de pronomes na primeira pessoa provavelmente indica um nível muito elevado de autocentramento, e tais pessoas tendem a ser mais propensas ao estresse e à ansiedade. E ambas as sensações são bem conhecidas por serem danosas ao coração. Dito isto, pelo menos aqueles que fazem frequentes referências a si mesmos estão sendo honestos, o que na minha opinião é preferível a ser um egocêntrico fingindo ser compassivo!

A inseparável relação entre estados mentais e emocionais de um lado, e o bem-estar e a saúde de outro, sugere-me que a própria constituição do nosso corpo nos conduz em direção a emoções positivas. Como costumo dizer, nossa inclinação ao amor e ao afeto parecem vir de dentro das células do nosso sangue.

Ainda assim, não há nada de intrinsecamente errado em seguir nossos próprios interesses. Pelo contrário, fazê-lo é uma expressão natural de nossa predisposição fundamental por buscar a felicidade e evitar o sofrimento. Na verdade, é porque nos preocupamos com as nossas próprias necessidades que temos a capacidade natural em apreciar a bondade e o amor dos outros. Este instinto de autointeresse torna-se negativo somente quando se é excessivamente autocentrado. Quando isso acontece, nossa visão fica limitada, minando nossa capacidade de ver as coisas e situações em um contexto mais amplo. E dentro de uma perspectiva tão restrita, até mesmo pequenos problemas podem parecer insuportáveis e criar uma tremenda frustração. Em tal estado mental, desafios genuinamente grandes podem surgir, e o perigo é perdermos a esperança, sentirmo-nos desesperados e sozinhos e sermos consumidos pela autocomiseração.

O importante é que ao seguir o nosso próprio interesse devemos ser "egoístas inteligentes" e não "egoístas estúpidos". Ser um egoísta estúpido siginifica seguir os próprios interesses de forma limitada, estreita e míope. Ser um egoísta inteligente significa ter uma visão ampla e reconhecer que a longo prazo nossos próprios interesses individuais consistem no bem-estar de todos. Assim, um egoísta inteligente é alguém compassivo. Desta forma, a capacidade humana de cuidar dos outros não é algo trivial ou que não deva ser levado em consideração. Ao contrário, é algo que devemos valorizar. A compaixão é uma maravilha da natureza humana, um recurso interno precioso, sendo a base de nosso bem-estar e da harmonia de nossas sociedades. Portanto, se queremos a felicidade para nós mesmos, devemos praticar a compaixão, e se desejamos a felicidade para os outros, também devemos praticar a compaixão!

O AMOR DE UMA MÃE

Minha primeira professora de compaixão foi minha mãe. Ela era analfabeta, esposa de um fazendeiro simples, mas acho que não há melhor exemplo de alguém profundamente imbuído pelo espírito da compaixão. Todas as pessoas que a conheceram eram tocadas por sua gentileza e por seu coração amoroso. Era o contrário de meu pai, muito temperamental e que ocasionalmente nos dava uns tapas quando éramos pequenos. Sendo filho dela, tive o privilégio de receber uma boa dose de carinho especial, e tenho certeza de que isso me ajudou a ser mais compassivo. No entanto, quando criança, creio que às vezes abusava da sua bondade. Quando me levava em seus ombros, eu segurava suas orelhas e indicava quando queria que ela fosse para a direita dando um puxão em sua orelha direita. Quando queria ir para a esquerda, puxava sua orelha esquerda. Se alguma vez ela ia para o lado errado, eu fazia um grande escândalo. Claro, ela estava apenas fingindo não entender meus sinais, e tolerava minhas manhas sem perder a razão. Na verdade não me lembro de nenhuma ocasião em que minha mãe tenha perdido a paciência com alguém. Era uma pessoa extremamente gentil, não apenas com os seus próprios filhos, mas com todos que encontrava.

Sem dúvida, este amor de uma mãe por seu filho é em grande parte biológico. O instinto materno é muito forte e leva a mãe a esquecer o seu próprio desconforto físico e a sua exaustão ao cuidar do filho. Este autosacrifício não tem nada a ver com seu nível de educação nem com sua compreensão da ética – é algo muito natural.

Pude testemunhar a força do afeto de uma mãe por seu filho recém-nascido durante um voo noturno entre o Japão e a América. No avião, na fileira ao lado da minha, estava sentado um jovem casal com dois filhos pequenos. A criança mais velha talvez tivesse três ou quatro anos, enquanto o mais jovem ainda era um bebê, provavelmente com um ano de idade. Assim que o avião decolou, a criança mais velha começou a correr de lá para cá, cheia de energia e entusiasmo. O pai corria atrás e a trazia de volta ao seu lugar. Num certo momento tive a oportunidade de oferecer um doce ao menino, que o pegou sem dizer uma palavra e continuou correndo. Neste meio tempo, a criança mais nova estava chorando e os pais se revezavam para acalmá-la, andando para lá e para cá no corredor. Finalmente, o menino mais velho cansou, sentou e dormiu, mas o bebê continuou inquieto e chorando. Inicialmente o pai ajudou a cuidar do bebê, mas, no final, sentou-se para dormir. Pela manhã, notei que os olhos da mãe estavam vermelhos. Ela não havia dormido e passara a noite inteira cuidando do bebê, mas não consegui detectar nenhum traço de ressentimento ou amargura, pois ainda estava cuidando de seus filhos com grande ternura e devoção. Eu mesmo não consigo me imaginar sendo tão paciente!

É a esse tipo de atitude de amor incondicional – o de uma mãe com seu filho recém-nascido – que eu me refiro quando falo da compaixão como fonte de todos os valores éticos e espirituais que compartilhamos. E esse amor, que é tão bem ilustrado no simbolismo cristão de Nossa Senhora e seu filho, eu considero muito forte e poderoso.

NÍVEIS DE COMPAIXÃO

Normalmente classifico a compaixão em dois níveis: o nível biológico que tenho descrito até aqui, exemplificado pelo afeto de uma mãe por seu filho recém-nascido; e um nível mais extensivo, em que a compaixão necessita de um cultivo deliberado.

Mesmo que a compaixão em nível biológico possa ser incondicional, como o amor da mãe por seu bebê, ela é parcial e de alcance limitado. E apesar disso, é de extrema importância, pois é a semente a partir da qual a compaixão imparcial pode nascer. Podemos tomar essa nossa capacidade inata para o calor humano e, fazendo uso de nossa inteligência e convicção, expandi-la.

De modo geral, temos a forte tendência a destinar nossos cuidados para as pessoas mais próximas, e depois expandi-los para nossa comunidade – por exemplo, com aqueles com quem partilhamos o mesmo idioma, localidade ou religião. Claro, isso é natural e pode ser muito poderoso. Quando as pessoas estão fortemente ligadas devido à sua dedicação a uma causa comum, ou quando estão ligadas por afinidade a um mesmo grupo, são capazes de grandes coisas. Esses sentimentos podem unir as pessoas e ajudá-las a superar seus próprios interesses limitados e egoístas. Neste sentido, estes sentimentos serão benéficos. Infelizmente, porém, tais afinidades – quer tenham como base família, comunidade, nação, língua ou religião – muitas vezes são acompanhadas de um aumento na discriminação entre "nós" e "os outros". O problema é que quando nos vemos pertencendo exclusivamente a este ou àquele grupo, temos a tendência a esquecer nossa identidade mais ampla como seres humanos.

O elemento-chave em sentimentos de preconceito é o que podemos chamar de "apego". Certa vez, em uma conferência científica na Argentina, o mentor do meu amigo Francisco Varela me disse que, como cientista, ele não deveria ser muito apegado ao seu próprio campo de pesquisa, pois isso poderia distorcer a sua capacidade de avaliar as evidências objetivamente. Ouvindo estas palavras, imediatamente achei que isso também deveria ser aplicado ao âmbito religioso. Por exemplo, como budista, devo me esforçar para não desenvolver apego excessivo em relação ao budismo, porque fazê-lo iria dificultar a minha capacidade de ver o valor de outras tradições religiosas.

Além disso, quando há apego, o nosso afeto e preocupação com os outros geralmente ficam dependentes da forma como eles se relacionam conosco – nos preocupamos com aqueles que cuidam de nós e nos tratam bem. Mas quando nossa gentileza depende da realização de nossos próprios objetivos e expectativas, que projetamos nos outros, ela se torna muito frágil. Enquanto os outros satisfazem as nossas expectativas, está tudo bem. Caso contrário, nossos sentimentos de afeto e gentileza podem facilmente se transformar em ressentimento e até mesmo em ódio.

Por outro lado, a compaixão universal, abrangente, não está enraizada em nada que diga respeito aos nossos próprios interesses, mas simplesmente na conscientização de que todos os outros são seres humanos que, como nós, aspiram à felicidade e evitam o sofrimento. Com esse tipo de compaixão, nosso sentimento de preocupação com os outros é completamente estável, não sendo afetado pela atitude que possam ter conosco. Mesmo que nos ameacem ou abusem de nós verbalmente, a nossa compaixão e preocupação com o seu bem-estar prevalece. Por isso, a compaixão genuína não se direciona ao comportamento das pessoas, mas a elas mesmas.

Uma vez que o ressentimento, a raiva e a hostilidade não nos trazem nenhum benefício, fica claro que deve ser de nosso próprio interesse basearmos nossas atitudes em relação aos outros em compaixão genuína – incondicional e imparcial. Fazer isto certamente nos trará benefícios.

O que estou propondo é que nos movamos para além de nosso sentimento de proximidade limitado a este ou àquele grupo e, em vez disso, cultivemos este mesmo sentimento de forma extendida a toda a família humana. A atitude parcial de "nós" e "eles" pode levar – e muitas vezes de fato leva – a conflitos e até mesmo a guerras. Muito melhor e mais realista é a atitude de "nós".

Para alguns, essa ideia de compaixão universal pode parecer demasiado idealista e, muito possivelmente, religiosa. Sobre ela ser demasiado idealista, não acho que seja assim. Muitas coisas que agora tomamos como certas, como por exemplo, a noção de educação universal, no passado soavam muito idealistas, mas atualmente são vistas como totalmente práticas e de fato necessárias. Quanto à sugestão de que a compaixão universal é religiosa, eu discordo. Certamente, a renúncia e o serviço de algumas pessoas cujas vidas são dedicadas aos outros estão enraizados em sua devoção religiosa, como se estivessem servindo a Deus. Mas, ao mesmo tempo, existem inúmeras pessoas hoje no mundo preocupadas com toda a humanidade e que não estão ligadas a nenhuma religião. Penso em todos os médicos e voluntários que estão trabalhando em lugares como Darfur, Haiti ou onde quer que haja conflitos ou desastres naturais. Alguns podem ser pessoas de fé, mas muitos não o são. A sua preocupação não é com este ou aquele grupo, mas simplesmente com os seres humanos. O que os move é a compaixão genuína – a determinação de aliviar o sofrimento dos outros.

Não tenho dúvida de que a compaixão universal pode ser mantida dentro de um âmbito puramente secular. Meu velho amigo, professor Paul Ekman, um pioneiro da ciência das emoções, uma vez me disse que mesmo Charles Darwin, o pai da teoria da evolução moderna, acreditava que o amor por todas as criaturas vivas é a virtude mais nobre do homem.

Lembro muito claramente da reação mundial ao tsunami na Ásia em dezembro de 2004. A manifestação de interesse público depois do desastre me comoveu como uma ilustração poderosa de nossa união como uma única família humana. E essa manifestação não foi um caso exclusivo. Reações de cuidado e preocupação em nível mundial aconteceram recentemente depois de tragédias semelhantes. Em uma época em que as notícias se espalham tão rapidamente pelo mundo, o senso de comunidade e preocupação com os que estão longe de nós cresceu enormemente. No início do século XX, sentimentos nacionalistas eram muito fortes e a consciência que tínhamos da humanidade de forma integral era bastante fraca. Naqueles dias, as pessoas sabiam pouco sobre o que estava acontecendo em outras regiões ou continentes. Mas atualmente, com a velocidade da mídia, temos uma consciência mais profunda de interconexão com pessoas em todos os lugares do mundo. E não só isso. O interesse das pessoas pela humanidade como um todo e o reconhecimento ao valor dos direitos humanos básicos parecem estar se aprofundando também. Para mim, esta tendência é uma fonte de grande otimismo em relação ao futuro.

Para ter esse tipo de preocupação com todos os nossos companheiros seres humanos não é necessário que sejamos pessoas especiais ou santos. Ao contrário, esta compaixão universal está ao alcance de cada um de nós. Durante a ditadura nazista, alguns alemães fizeram um grande esforço para proteger e salvar judeus, arriscando seriamente suas próprias vidas. Quando lhes perguntaram por que fizeram isso, a maioria respondeu que se sentia compelido a tal e que qualquer um teria feito o mesmo. Estas eram apenas pessoas normais, como eu e você. Através da compaixão, a preocupação com nossos companheiros seres humanos, todos somos capazes de atos de heroísmo similares.

Alguns leitores ainda podem sentir resistência à ideia da compaixão universal. Embora admirem a atitude de pessoas que abraçam essa abordagem, podem sentir que adotá-la, eles mesmos, implicaria carregar "as desgraças do mundo", e eles não têm lugar para todo este sofrimento adicional em suas vidas. Em um sentido limitado, é verdade que cuidar dos outros envolve compartilhar de dificuldades que não são nossas. No entanto, o desconforto que vem de compartilhar da dor de outros é de ordem completamente diferente da experiência direta do nosso próprio sofrimento. Quando você sente empatia por alguém que está em perigo, pode inicialmente sentir algum desconforto mental. Mas optar voluntariamente por abrir-se às dificuldades de outra pessoa demonstra coragem, e coragem gera confiança. Por outro lado, quando se trata de sua própria dor, não há liberdade de escolha. A diferença é evidente.

Embora a compaixão surja a partir da empatia, as duas não significam a mesma coisa. A empatia é caracterizada por um tipo de ressonância emocional – sentir com a outra pessoa. A compaixão, ao contrário, não é apenas um compartilhar de experiências com os outros, mas é também o desejo de vê-los livres de seus sofrimentos. Ser compassivo não significa permanecer inteiramente no nível do sentimento, o que pode ser muito desgastante. Afinal, médicos compassivos não seriam muito eficazes se estivessem sempre preocupados em compartilhar a dor de seus pacientes. Compaixão significa querer *fazer* algo efetivo para aliviar as dificuldades dos outros, e este desejo de ajudar, bem longe de nos levar a mais sofrimento, na verdade nos dá energia e um senso de propósito e direcionamento. Quando *agimos* com essa motivação, tanto nós quanto aqueles que nos rodeiam são beneficiados ainda mais.

No entanto, como a compaixão universal envolve um processo gradual – que se inicia pela expansão do círculo daqueles com os quais nós nos preocupamos até chegar a incluir toda a humanidade –, é necessário constância em seu cultivo. Através do uso de nossa inteligência e da convicção sobre a necessidade e o valor da compaixão, gradualmente aprendemos a expandir a nossa preocupação e interesse pelos outros: primeiro por nossa família mais próxima, em seguida para todos aqueles com quem temos contato – incluindo especialmente nossos inimigos –, em seguida para toda a nossa família humana, e até mesmo para todos os seres.

TREINANDO A COMPAIXÃO

Aqueles que têm uma fé religiosa possuem valiosos métodos para desenvolver a compaixão, e as abordagens religiosas também podem ser ótimos recursos para a humanidade como um todo. Mas a religião não é necessária para cultivar a compaixão. Na verdade, técnicas seculares para o treinamento da compaixão já estão em uso, e sua eficácia foi cientificamente comprovada. Ao que parece, o desenvolvimento dos valores internos é muito semelhante ao exercício físico: quanto mais treinamos nossas habilidades, mais fortes elas se tornam. Uma pesquisa neurocientífica conduzida por meu velho amigo, professor Richard Davidson, demonstrou que, mesmo períodos breves de treinamento da compaixão – tão breves quanto duas semanas – podem trazer mudanças visíveis nos padrões do cérebro, bem como uma maior inclinação à generosidade. Tenho esperança de que esse tipo de pesquisa possa abrir o caminho para a introdução do treinamento da compaixão em escolas, o que seria muito útil. A educação moderna é baseada fortemente em valores materialistas. No entanto, como enfatizei várias vezes, é vital que, ao educar o cérebro dos filhos, não se deixe de educar seus corações. E a chave fundamental para educar seus corações é alimentar a sua natureza compassiva. Mais adiante, voltarei a falar deste assunto.

Compaixão e a questão da justiça

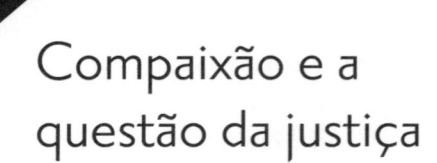

A QUESTÃO DA JUSTIÇA

Em várias ocasiões recentes, pessoas respeitáveis que simpatizam com a ideia de uma ética secular opuseram-se à minha sugestão de que a compaixão pode ser a base deste sistema. Para muitos, ao que parece, há um conflito entre o princípio da compaixão, que implica em perdão, e o exercício da justiça, que implica em punição pela má conduta. Segundo a visão dessas pessoas, é o princípio da justiça ou equidade que deve ser o pilar de qualquer abordagem humanista da ética. Elas argumentam que dar prioridade à compaixão e ao perdão permitiria aos autores dos danos saírem impunes e entregaria a vitória aos agressores. Elas dizem que a ética da compaixão equivale a um pouco mais que uma ética da vitimização, na qual o erro sempre triunfa, a má conduta é sempre perdoada e os mais fracos permanecem indefesos.

Essa objeção baseia-se, a meu ver, em uma incompreensão fundamental sobre o que constitui de fato a prática da compaixão. Não há nada no princípio da compaixão — o desejo de ver os outros aliviados de seus sofrimentos — que indique que devemos permanecer à mercê dos erros alheios. Nem a compaixão demanda que aceitemos a injustiça de forma submissa. Longe de promover fraqueza ou passividade, a compaixão requer grande coragem e força de caráter.

Alguns dos maiores ícones da luta contra a injustiça em tempos recentes — pessoas de caráter forte e determinação, como Mahatma Gandhi, Madre Teresa de Calcutá, Nelson Mandela, Martin Luther King Jr., Vaclav Havel, entre outros — foram motivados pela compaixão universal. Ninguém poderia descrever essas pessoas como submissas ou acovardadas só porque aliaram a dedicação ao bem-estar dos outros ao compromisso com a não violência.

Como já disse, a compaixão não implica absolutamente em render-se em face à má conduta ou à injustiça. Quando uma situação injusta exige uma resposta forte, como no caso do apartheid, a compaixão demanda não que aceitemos a injustiça, mas que tomemos uma postura de oposição a ela. Esta postura, sim, deve ser de não violência, que não é um sinal de fraqueza, mas sim de autoconfiança e coragem. Geralmente, quando as pessoas brigam, elas só perdem a calma a ponto de gritar ou mesmo de agir com violência quando ficam sem argumentos. Mas quando uma das partes em uma disputa sente confiança de que a verdade está ao seu lado, normalmente se mantém calma e continua a defender o caso. Então, manter uma atitude de calma e não violência é, na verdade, uma indicação de força, uma vez que demonstra a confiança que vem do fato de se ter a verdade e a justiça ao seu lado.

Podemos ilustrar esse ponto, sobre a necessidade de se enfrentar a injustiça mantendo uma atitude compassiva com o transgressor, através do seguinte exemplo. Imagine-se com vizinhos difíceis, que repetidamente comportam-se de forma agressiva com você. Qual seria a resposta compassiva apropriada? No meu entendimento, não há razão pela qual a compaixão – incluindo, claro, compaixão com os agressores – deveria impedir você de reagir de maneira forte. Dependendo do contexto, a ausência de uma reação com medidas decisivas, permitindo aos agressores darem seguimento aos seus comportamentos destrutivos, poderia tornar você parcialmente responsável pelos danos que continuassem a lhe causar. Além disso, não fazer nada em oposição a tal comportamento, com efeito, incentiva essas pessoas desafortunadas a terem um comportamento ainda mais destrutivo, trazendo mais danos a outros e, a longo prazo, a eles mesmos. A única maneira de mudar a mente de uma pessoa é através da estima, e não através da raiva ou do ódio. As medidas físicas ou violentas só reprimem o comportamento físico das pessoas, nunca suas mentes.

Existe uma história do sul do Tibete sobre uma pessoa que conta a um amigo: "Fulano me deu um tapa e eu fiquei quieto, fulano me deu dois, três tapas e eu fiquei quieto, fulano continuou me estapeando e eu continuei quieto..." Isso é um exemplo do que não é compaixão. Isso é ser submisso, e não é o caminho certo. Em face da injustiça é necessário compaixão determinada, forte!

CONCEITOS AMPLOS E LIMITADOS DE JUSTIÇA

Quando corretamente compreendida, não há conflito entre a compaixão e o exercício da justiça. No entanto, ao dizer isto, é importante distinguirmos o princípio geral da justiça – um preceito universal de honestidade e correção baseado no reconhecimento da igualdade humana – e a compreensão mais limitada da justiça como o exercício da lei dentro de determinado enquadramento jurídico. O ideal é que essas duas concepções de justiça sempre se espelhem uma na outra, mas, infelizmente, não costuma ser assim. Se considerarmos a África do Sul sob o regime do apartheid, vemos como evidentemente um sistema judiciário pode ignorar o princípio universal da igualdade humana e, em vez disso, proteger os interesses de uma determinada fração da sociedade. Naquele período, uma pessoa não branca podia ser punida por infringir os interesses da minoria dominante, mesmo em assuntos triviais. Situação semelhante ocorreu na Índia sob o domínio colonial e ainda continua a acontecer em outras partes do mundo, onde minorias e grupos específicos são reprimidos por outros. Claramente esses sistemas jurídicos refletem uma concepção muito limitada de justiça.

Há também situações nas quais os direitos de uma comunidade religiosa ou de um grupo político são limitados por outro. Quando o sistema legal de um país tem como sua maior prioridade a unidade nacional e a ordem social, e considera como delito criminal quaisquer ações que violem esses valores, tal sistema legal não servirá a uma justiça genuína. A longa prisão de Aung San Suu Kyi depois de sua vitória nas eleições em Burma é um exemplo disso.

E a recente detenção de meu companheiro ganhador do Prêmio Nobel da Paz, Liu Xiaobo, na China, é outro. Quando as pessoas criticam tais violações da justiça, os países se defendem alegando que tudo foi feito de acordo com a lei. No entanto, quando a lei está vinculada a interesses limitados, ela fracassa em defender a concepção fundamental da justiça como um princípio de imparcialidade baseado na igualdade humana. Porque, para apoiar a justiça genuinamente, a lei deve proteger os direitos humanos universais.

O PAPEL DA PUNIÇÃO

Naturalmente, a maioria de nós reconhece a justiça como um princípio universal de imparcialidade baseado em nossa igualdade fundamental como seres humanos — seja igualdade diante de Deus, igualdade em termos da nossa aspiração básica em desejar a felicidade e evitar o sofrimento, ou a igualdade como cidadãos perante a lei. No entanto, no que se refere ao exercício efetivo da justiça em matéria de crime e punição, parece que há menos consenso. Um exemplo é que as pessoas discordam sobre questões como a pena de morte e a finalidade da punição. Alguns acham que certos crimes são tão hediondos, tão negativos, que não se deve ter nenhuma misericórdia com seus autores.

Quando se trata de má conduta, todas as grandes religiões têm alguma ideia de como reparar e restabelecer o equilíbrio na vida ou nas vidas por vir. Nas tradições teístas, entende-se que haverá um julgamento divino. No ensinamento budista tradicional, a lei do karma garante que as pessoas seguramente acabarão por experimentar os frutos de suas ações. Ambas as crenças permitem que haja misericórdia em relação a assuntos mundanos. Do ponto de vista secular, onde não há tais crenças em punição e recompensa na vida após a morte, devemos nos perguntar qual realmente é o sentido da punição. É sobre revanchismo e vingança? É sobre fazer os malfeitores sofrerem como um fim em si mesmo? Ou é para prevenir que cometam novos crimes? A meu ver, a finalidade da punição não é impor o sofrimento como um fim em si mesmo. Pelo contrário, o sofrimento infligido pela punição deve ter um propósito mais elevado, que é desencorajar o ofensor de repetir a ação negativa e coibir outras pessoas de cometerem atos semelhantes. Sendo assim, a punição não se trata de vingança, mas sim de coibição.

É claro que tribunais devem ter à sua disposição os meios para punir infratores. Deixar impunes crimes terríveis, como homicídio e assalto violento, seria como sugerir que as piores potencialidades da humanidade são de alguma forma aceitáveis, e isso não seria do interesse de ninguém, incluindo os próprios autores de tais crimes. A punição tem um papel inevitável e importante a desempenhar na regulação das relações humanas, tanto como um impedimento, como para oferecer às pessoas uma sensação de segurança e confiança na lei.

No entanto, se a punição fosse apenas uma questão de coibição, então poder-se-ia argumentar que até mesmo atos errôneos menores deveriam receber punições severas, como meio de prevenção mais eficaz contra tal tipo de comportamento. Embora isso possa ser uma forma de garantir baixas taxas de criminalidade, não é uma abordagem que eu possa aceitar. Não pode ser algo justo castigar severamente alguém por um erro pequeno. Em vez disso, deveria haver alguma proporcionalidade: quanto mais grave o ato negativo, mais severa seria a punição.

Mas isso levanta uma questão: quais seriam os limites da punição? Nesse contexto, acho que é muito importante reconhecer que todos os seres humanos têm a capacidade de mudar. Por causa disso, acho a ideia de pena de morte inaceitável. E foi por isso que, durante muitos anos, apoiei a campanha da Anistia Internacional por sua abolição. Minha visão não é uma questão de clemência. Mas matar outro ser humano como castigo, não importa o que ele tenha feito, não pode, em minha mente, ser algo correto, uma vez que impossibilita que tal indivíduo possa mudar. Eu acredito que seja mais sensato para uma sociedade manter a opção de mudança disponível.

Ainda assim, entendo que uma resposta violenta – reagir agressivamente a um assalto, por exemplo – é algo profundamente enraizado no instinto humano. Neste quesito, não somos diferentes de outros animais que, quando desafiados, podem lutar até a morte. No entanto, a prática da vingança parece ser uma característica tipicamente humana e está relacionada à nossa capacidade de lembrar. Na sociedade humana primitiva, a vingança talvez tenha sido necessária para a sobrevivência mas, com o desenvolvimento da sociedade, as pessoas começaram a reconhecer as consequências negativas da vingança e o valor do perdão. Para mim, isso é o que realmente significa ser civilizado.

Acredito que sucumbir aos nossos instintos violentos buscando vingança é algo equivocado e que não traz benefícios a ninguém. O único resultado garantido da vingança é gerar as sementes de um novo conflito. Ela desperta ressentimento e, com ele, o perigo de um ciclo crescente de violência e retaliação, que só pode ser quebrado quando o próprio princípio da vingança for dissolvido. Satisfazer um desejo de vingança cria uma atmosfera de medo, ressentimentos futuros e ódio. Em contrapartida, quando há perdão, há a chance de paz. Por isso, na minha compreensão, não há lugar para a vingança no exercício da justiça. Esta ideia, em si, é antiquada. Enquanto a vingança enfraquece a sociedade, o perdão lhe dá força.

Isto foi muito bem ilustrado com o que aconteceu na África do Sul após a derrubada do sistema de apartheid. Sob a liderança sábia de Nelson Mandela, o Congresso Nacional Africano agiu com magnanimidade e garantiu que quase não houvesse incidentes de vingança contra a comunidade branca em minoria. Se os líderes tivessem escolhido permanecer presos ao passado e criado um clima de ressentimento, a situação poderia ter sido verdadeiramente trágica. Em vez disso, o governo criou a Comissão da Verdade e Reconciliação, presidida pelo meu velho amigo e colega espiritual, Arcebispo Desmond Tutu. Seguindo o seu exemplo moral, a comissão operou com base no princípio de que a expressão da verdade por aqueles responsáveis por crimes graves, até mesmo os mais atrozes, teria um efeito curativo e libertador para ambos: vítimas e autores de tais crimes. Hoje, mais de dez anos depois que a Comissão terminou o seu trabalho, não pode haver nehuma dúvida de que esse processo trouxe paz mental e aproximação entre um grande número de pessoas, incluindo vítimas e infratores. Eu tive a grande honra de conhecer o presidente

Mandela logo após a África do Sul ter se libertado do apartheid. Fiquei muito impressionado não só com sua delicadeza, mas também com sua total ausência de ressentimento com os responsáveis por sua longa prisão. Para mim não há dúvida de que a prática da justiça, longe de estar em desacordo com o princípio da compaixão, deve ser inspirada por uma abordagem compassiva. Eu sempre me lembro da explicação do ministro da justiça da Escócia sobre a sua difícil decisão em libertar o homem condenado pelo atentado ao avião de Lockerbie. Em seu país, ele disse, as pessoas "desejam justiça e querem que a justiça seja exercida com compaixão e misericórdia." Tenho certeza de que sua decisão causou grande controvérsia e indignação entre alguns dos familiares das vítimas. No entanto, acho que a declaração do ministro foi em si muito profunda. Quando se trata de justiça, compaixão e misericórdia não devem ser postas de lado.

DISTINGUINDO A AÇÃO DO AUTOR

O ponto importante sobre termos o princípio da compaixão como base para o exercício da justiça, é que ela é dirigida não para as *ações*, mas para seu *autor*. A compaixão demanda que condenemos ações erradas e nos oponhamos a elas com todos os meios necessários, mas ao mesmo tempo que perdoemos e mantenhamos uma atitude de bondade para com os autores dessas ações. Assim como, em termos teístas, Deus proíbe o pecado enquanto ainda ama o pecador, nós também devemos nos opor vigorosamente ao erro mantendo o respeito ao malfeitor. É correto agir assim porque, mais uma vez, todos os seres humanos são capazes de mudar. Acho que todos nós sabemos disso por experiência própria. Afinal, não é incomum que aqueles que levaram uma vida imprudente quando jovens se tornem responsáveis e solidários na medida em que ganham experiência e maturidade. No decorrer da história há muitos exemplos de indivíduos que levaram uma vida moralmente repreensível na juventude, mas que mais tarde trouxeram grande benefício aos outros. Podemos pensar por exemplo no imperador Ashoka, em São Paulo e em muitos outros.

Esta capacidade de mudança é válida também para aqueles que cometeram os mais terríveis atos. Minhas discussões ao longo dos anos com presidiários e assistentes sociais envolvidos em presídios, tanto na Índia quanto nos Estados Unidos, me fazem sentir confiança nessa crença. É uma grande tragédia que, como sugerem as estatísticas, em muitos países a maioria dos presos mais tarde reincida no crime. Alguns países estão introduzindo hoje programas de reabilitação, que oferecem aos infratores orientação sobre como eles podem, por meio de treinamento mental, gradualmente reajustar a sua compreensão do mundo e aprender a contribuir para o bem-estar dos outros, ao invés de prejudicá-los. Por exemplo, na iniciativa introduzida por Kiran Bedi na prisão de segurança máxima Tihar, em Délhi, os presos recebem aulas de meditação em presença mental. Tenho certeza de que, com o passar do tempo, este programa vai provar sua eficácia ajudando até mesmo os presos em condições mais desesperadoras a desenvolverem um propósito em suas vidas, começando

Compaixão e a questão da justiça

85

a se preocupar com os outros. Sempre me sinto profundamente emocionado quando encontro as pessoas que conduzem programas assim e com os presidiários que sentiram seu impacto positivo.

Resumindo, quero dizer simplesmente: lembre-se de que mesmo um criminoso é um ser humano, assim como você, e possui a capacidade de mudar. Puna o autor na mesma proporção do erro, mas não se entregue ao desejo de vingança. Pense, em vez disso, sobre o futuro, e assegure que o crime ou erro não se repita.

PUNIÇÃO ALTRUÍSTA

Não muito tempo atrás, assisti a uma conferência em Zurique sobre o tema da compaixão e do altruísmo em sistemas econômicos. Na conferência, um economista austríaco chamado Ernst Fehr introduziu um conceito interessante que ele chama de "punição altruísta".

Ele ilustrou o conceito por meio de um jogo de confiança. Esse jogo acontece em rodadas e envolve dez jogadores. Os jogadores recebem quantidades iguais de dinheiro e é pedido que cada um contribua com um pouco para um fundo coletivo. O pesquisador explica que a cada rodada o montante total das contribuições será dobrado e redistribuído igualmente entre eles. Nas primeiras rodadas, a maioria dos jogadores é muito generosa, fazendo contribuições substanciais para esse fundo central, na crença de que os outros também o farão. Isto, acredito eu, reflete o lado intuitivamente otimista da natureza humana. É inevitável, porém, que existam alguns indivíduos que se contêm e não contribuem com nada. Em termos monetários básicos, eles acham que lucram mais apenas compartilhando o que foi recebido, sem gastar nenhum dinheiro próprio. Tais pessoas são conhecidas na linguagem da economia como *free riders* ou parasitas — e eu entendo o porquê. Como resultado de seu comportamento, os outros jogadores começam a sentir que estão sendo usados e passam a contribuir cada vez menos para o fundo central até que, finalmente, no geral por volta da décima rodada, todo o sistema entra em colapso. Nesta fase, ninguém está disposto a contribuir, mesmo que a oferta do pesquisador de duplicar todo o dinheiro contribuído ainda esteja em vigor.

Nesse ponto, os jogadores são introduzidos à noção de punição altruísta, um mecanismo pelo qual podem punir os "parasitas". Ao contribuir com alguma quantia de seu próprio dinheiro para uma caixa de punição não reembolsável, podem forçar os parasitas a pagarem o dobro dessa quantidade. Assim, por exemplo, ao gastar três dólares em punição, um jogador pode fazer um parasita pagar seis dólares. O que se segue é que, uma vez que este sistema é introduzido no jogo, a cooperação entre os jogadores pode ser sustentada mais ou menos indefinidamente. Os possíveis parasitas são impedidos de usufruir dos outros e, como resultado, os jogadores continuam a contribuir para o fundo central e todos se beneficiam.

Embora este experimento tenha sido desenhado principalmente para testar uma teoria no campo da economia, eu sinto que também contém uma mensagem de aplicação universal. Ele nos mostra que a punição pode ser exercida de uma forma que seja benéfica a todos, incluindo os próprios malfeitores. Isto ilustra o ponto de que a punição que não cobra vingança, mas que corrige o malfeitor, é do interesse de todos.

PERDÃO

O perdão é uma parte essencial da atitude compassiva, mas é uma virtude que pode ser facilmente mal interpretada. Para começar, perdoar não é o mesmo que esquecer. Afinal, se alguém esquece de um erro que foi feito, não há mais nada para perdoar! Em vez disso, o que sugiro é que encontremos uma maneira de lidar com as ações equivocadas que nos dê paz mental e, ao mesmo tempo, nos impeça de sucumbir aos impulsos destrutivos, tal como o desejo de vingança. Sobre as formas como podemos fazer isto, falarei mais adiante, mas uma das coisas necessárias é a aceitação de que o que está feito, está feito. Seja em nível individual ou da sociedade como um todo, é importante reconhecer que o passado está além do nosso controle, mas que a maneira como *respondemos* às ações negativas do passado, não.

Como já mencionei, é vital manter em mente a distinção entre o autor e a ação. Às vezes pode ser difícil. Se nós mesmos ou aqueles muito próximos a nós formos vítimas de crimes terríveis, pode ser difícil não sentir ódio dos autores desses crimes. E, no entanto, se pararmos para pensar sobre isso, perceberemos que a distinção entre um crime terrível e seu autor é, na verdade, algo que fazemos todos os dias em relação às nossas próprias ações e às nossas próprias transgressões. Em momentos de raiva ou irritação, podemos ser rudes com pessoas queridas ou agressivos com outros. Mais tarde podemos sentir remorso ou arrependimento, mas, ao olharmos para nossa explosão, não deixamos de distinguir entre o que *fizemos* e quem *somos*. Naturalmente nos perdoamos e talvez decidamos não fazer mais a mesma coisa de novo. Tendo em conta que achamos tão fácil nos perdoar, certamente podemos fazer esta mesma cortesia com os outros! É claro que nem todo mundo é capaz de perdoar a si próprio, e isso pode ser um obstáculo. Para essas pessoas, seria importante praticar a compaixão e o perdão em relação a si mesmo, e tomar isto como base para desenvolver a compaixão e o perdão com os outros.

Outra verdade que devemos ter em mente é que perdoar os outros tem um efeito extremamente liberador sobre nós mesmos. Quando você está preso a algum dano que alguém lhe causou, há uma tendência inevitável a tornar-se irritado e com pensamentos ressentidos. No entanto, manter-se preso a lembranças dolorosas e nutrir más intenções não servirá para corrigir o erro cometido, e não terá nenhum efeito positivo sobre você. Sua paz mental será destruída, seu sono será perturbado e, eventualmente, até mesmo a sua saúde física poderá ser afetada. Por outro lado, se for capaz de superar seus sentimentos de hostilidade em relação aos malfeitores e perdoá-los, haverá um benefício imediato e perceptível para você. Ao deixar as ações passadas no passado e ao restaurar seu interesse pelo bem-estar daqueles que lhe fizeram algo errado, você ganha uma tremenda sensação de confiança interna e liberdade, que lhe permite continuar seguindo enquanto seus pensamentos e emoções negativas tendem a se dissipar.

Para mim, o poder do perdão é extremamente evidente

no exemplo de um homem que pessoalmente considero um herói, Richard Moore. Em 1972, com apenas dez anos de idade, Richard ficou completamente cego por uma bala de borracha disparada por um soldado britânico na Irlanda do Norte. A tragédia poderia ter transformado o menino em um homem com raiva e ressentimento. Mas Richard nunca deu lugar à malquerença e dedicou sua vida à causa positiva de ajudar e proteger outras crianças vulneráveis ao redor do mundo. Na verdade, ele fez o impossível para encontrar o homem que o havia cegado e dizer-lhe que estava perdoado, e agora os dois são amigos. Que maravilhoso exemplo do poder da compaixão e do perdão!

Embora nós, tibetanos, tenhamos sofrido enormente, ainda assim, enquanto povo, tentamos não sucumbir a qualquer tendência à hostilidade e à vingança. Mesmo com soldados comunistas chineses, responsáveis por atrocidades cometidas contra os tibetanos, tentamos manter a compaixão. Às vezes, isso produz resultados inesperados. Recentemente, por exemplo, conheci o filho de um oficial da cavalaria chinesa que, como um membro do Exército de Libertação Popular, no final dos anos 1950, estava envolvido na perseguição de tibetanos. Seu pai, agora velho, me enviou uma mensagem através de seu filho oferecendo pesar e sinceras desculpas por seus atos. Ao ouvir isto, fiquei muito comovido. No entanto, penso que se houvesse ódio de minha parte, esse acontecimento só teria servido para aumentar meus ressentimentos. Ao não nos apegarmos às experiências de injustiça do passado e conscientemente tentarmos desenvolver compaixão em relação aos nossos irmãos e irmãs chineses, nós, tibetanos, evitamos ficar presos ao passado e conseguimos manter um senso de liberdade. Mas isso não significa que não nos opomos com firmeza às injustiças que enfrentamos.

Assim, em resposta àqueles que insistem em dizer que a justiça, e não a compaixão, deve estar no centro de qualquer sistema de ética, sugiro que, na realidade, não existe conflito entre o princípio da justiça e a prática da compaixão e do perdão. Na verdade, no meu entendimento, o próprio conceito de justiça está, em si, baseado na compaixão.

O ESCOPO DA ÉTICA

Em conclusão, vale a pena brevemente explorar o escopo da ética. Se a ética for entendida apenas como um mecanismo para manter a ordem social, então abrangerá apenas os aspectos externos do comportamento humano, aqueles que têm um impacto direto e observável nos outros. E se ela só se relacionasse com o impacto de nossas ações sobre os outros – mais precisamente, com as consequências de nossas ações –, então quaisquer sentimentos e intenções que possamos abrigar em nossos corações seriam irrelevantes ou neutros no que se refere à ética. Particularmente, não concordo com isso. Esta é uma compreensão muito limitada.

A própria noção de ética não faz sentido se não se levar em consideração a motivação. Se batemos nossa cabeça em uma árvore, podemos culpar a árvore? Claro que não! A ideia de responsabilidade moral pressupõe a presença de alguma motivação interior. Por isso, para mim, descrever a ética sem que haja referência à motivação parece incompleto.

Na verdade, a dimensão motivacional interior é o

aspeto mais importante da ética. Porque, quando a nossa motivação é pura, genuinamente voltada para o benefício dos outros, nossas ações têm a natural tendência a serem eticamente fundamentadas. É por isso que considero a compaixão como sendo o princípio-chave sobre o qual uma abordagem completa da ética pode ser construída. É a partir de um interesse compassivo pelo bem-estar dos outros que nossos valores e princípios éticos podem emergir, incluindo o princípio da justiça.

O papel do discernimento

Até agora, tenho enfatizado a importância da compaixão – a motivação genuína de preocupar-se com o bem-estar dos outros – como o fundamento da ética e do bem-estar espiritual, e até mesmo como base para se compreender a justiça. Reconhecendo nossa humanidade compartilhada e nossa natureza biológica como seres cuja felicidade depende dos outros, aprenderemos a abrir nossos corações e, ao fazermos isso, ganharemos um senso de propósito e de conexão com aqueles que nos rodeiam. A compaixão imparcial e vasta, como já sugeri, é a base a partir da qual todos os valores internos positivos – paciência, gentileza, perdão, autodisciplina, contentamento, e assim por diante – emergem.

A motivação compassiva sólida é o fundamento da ética e da espiritualidade, mas um outro fator é crucial se quisermos alcançar um sistema ético genuinamente universal. Embora esta intenção seja o primeiro e mais importante fator para garantir um comportamento ético, também precisamos de *discernimento* para assegurar que as escolhas que fazemos sejam realistas e que as nossas boas intenções não sejam inúteis.

Se, por exemplo, políticos levam seu país à guerra sem terem considerado plenamente as prováveis consequências deste ato, então, mesmo que suas motivações sejam sinceramente compassivas, o resultado tenderá a ser desastroso. Por isso é necessário, além de boa intenção, utilizar a nossa capacidade crítica, o nosso discernimento. O exercício do discernimento, que possibilita nos relacionarmos com as situações de forma sintonizada com a realidade, nos permite transformar nossas boas intenções em bons resultados.

O discernimento também desempenha um papel crucial em desenvolver nossa própria consciência ética em nível pessoal. Através do uso da nossa inteligência, chegamos à compreensão, e a compreensão é a base dessa consciência. Assim, a consciência ética – ou seja, a consciência daquilo que irá beneficiar tanto a si mesmo quanto aos outros – não surge magicamente, mas vem do uso da razão. A educação em consciência ética não é diferente de qualquer outro tipo de educação.

ESTABELECENDO VALORES INTERNOS

Todas as nossas ações têm consequências, e estas inevitavelmente têm um impacto sobre nós e os outros. Uma vez que na vida cotidiana temos constantemente que tomar pequenas decisões que têm esta dimensão ética, é muito útil ter regras ou normas básicas de ética nas quais possamos nos apoiar. Mesmo simples escolhas sobre que produtos comprar ou que alimentos comer, envolvem discernimento ético. Ao fazer estas escolhas, geralmente não temos a oportunidade de refletir sobre todas as opções disponíveis e sobre todas as prováveis consequências de cada caso. Na verdade, se refletíssemos profundamente sobre a ética de cada escolha com as quais nos deparamos, acho que não teríamos muito tempo para qualquer outra coisa. Mas para aquelas ocasiões em que temos tempo de resolver as coisas com detalhe, é útil termos internalizado regras gerais para orientar nossas ações.

Todas as principais religiões do mundo são ricas em tais diretrizes e, quando essas regras são introduzidas desde cedo, tornam-se parte do sistema de valores internos de uma pessoa. Por exemplo, na sociedade tibetana tradicional, o princípio budista de evitar causar danos aos animais foi um valor que as pessoas adquiriam a partir do ambiente cultural. Desde pequenas, as crianças foram ensinadas a evitar matar até mesmo insetos, então este hábito se tornou internalizado e automático. Se acidentalmente elas pisassem em um inseto, diriam, *Akha, nyingje* (Oh, pobrezinho!). Antigamente, no Tibete, havia de fato uma legislação que proibia a caça e a pesca, exceto em algumas áreas onde a vida das pessoas dependia dessas atividades. Havia também leis mais específicas que protegiam a fauna, como regulamentações que diziam respeito às aves migratórias que nidificavam em torno do lago Manasarovar[5] e de outros lagos. Guardas florestais garantiam que seus ovos não fossem incomodados. Estes regulamentos são exemplos de como a cultura dominante pode ajudar a formar as prioridades éticas de um povo.

Em um contexto puramente secular, embora as pessoas ainda possuam valores enraizados, eles nem sempre são algo garantido. Algumas ações, como matar, roubar, mentir, caluniar e explorar sexualmente – que são todas formas de violência – são, por definição, prejudiciais aos outros, de forma que a maioria das pessoas sente instintivamente a importância de evitá-las. Mas em um mundo globalizado, no qual as orientações morais religiosas não são universalmente aceitas, é preciso ir além disso. Precisamos usar nosso discernimento para gerarmos compreensão sobre os benefícios de certos tipos de comportamento e as consequências negativas de outros. Desta forma, podemos desenvolver e internalizar um sistema de valores que guiará nossas reações na vida cotidiana.

É necessário, portanto, refletirmos sobre nosso comportamento, usando discernimento para avaliar quais de nossas ações são mais prejudiciais, tanto para nós quanto para os outros, e quais são mais benéficas. Ao fazê-lo, podemos gradualmente aprender a identificar aqueles aspectos de nossa conduta que precisam ser combatidos e aqueles que precisam ser cultivados.

Por exemplo, usando o nosso discernimento ao considerar as consequências da violência, podemos gradualmente chegar a um claro entendimento e convicção do quanto ela é nociva e fútil. Da mesma forma, usando o nosso discernimento para refletir sobre as consequências da paciência ou generosidade, podemos vir a compreender os seus efeitos positivos, nutrindo essa compreensão para que se torne profundamente enraizada em nossa consciência. Quando isso acontece, descobrimos que o nosso comportamento é espontaneamente mais orientado ao bem-estar dos outros. Este tipo de treinamento mental é um tema de que voltarei a falar na segunda parte deste livro.

LIDANDO COM DILEMAS

Valores internalizados são indispensáveis como ferramentas práticas para uma vida ética mas, infelizmente, existem circunstâncias excepcionais em que esses princípios gerais são inadequados. Podem ocorrer certas situações em que somos forçados a escolher entre princípios de que não queremos abrir mão. Nesses casos, o uso do discernimento, guiado por nossa motivação compassiva, torna-se crucial. Apenas avaliando as consequências prováveis e pesando os prós e os contras dos diferentes desdobramentos de uma ação, chegaremos a uma conclusão equilibrada sobre que ação será a mais benéfica.

No meu caso, quando sou requisitado a tomar uma decisão difícil, sempre começo verificando a minha motivação. Realmente tenho em mente o bem-estar dos outros? Estou sob a influência de quaisquer emoções perturbadoras, como raiva, impaciência ou hostilidade? Tendo determinado que a minha motivação é justa, olho atentamente para a situação dentro de seu contexto. Quais são as causas e as condições subjacentes que deram origem a ela? Que opções eu tenho? Quais são os seus prováveis resultados? E que sequência de ações, no final, provavelmente produziria maior benefício a longo prazo para os outros? A meu ver, tomar decisões desta forma significa não ter causas para qualquer tipo de arrependimento no futuro.

Então, ao incentivar o leitor a internalizar um sistema de valores pessoal, seria irrealista pressupor que as questões de ética possam ser determinadas exclusivamente com base em regras e preceitos. Geralmente, em questões de ética nada é preto ou branco. Depois de verificar e ter certeza de que estamos motivados pela preocupação com o bem-estar da humanidade, temos que pesar os prós e os contras dos vários caminhos abertos para nós, e nos deixar guiar por um senso natural de responsabilidade. Isto é, essencialmente, o que significa ser sábio.

ADOTANDO UMA PERSPECTIVA HOLÍSTICA

O discernimento é essencial para termos uma compreensão realista do mundo em que vivemos. Aqui, o princípio-chave que precisamos apreender é aquele da *interdependência*. Este princípio geral, ainda que profundo, pode ser abordado em vários níveis e em vários contextos, de forma que vale a pena uma análise cuidadosa. Já falamos sobre a interdependência entre o nosso próprio bem-estar e o dos outros; além disso, a interdependência é uma característica do nosso mundo, e é aparente em muitos campos. Podemos considerar a interdependência nas finanças globais ou na economia, a da própria humanidade em uma era de globalização, e a interdependência no mundo natural, aquilo que biólogos discutem em termos de "cadeias alimentares" e "simbioses" entre os organismos vivos. E no desafiador campo da física quântica, com suas noções de "relatividade geral" e "entrelaçamento quântico", existe uma interdependência mesmo em teorias sobre a origem do universo. Reconhecer que muitos aspectos do nosso mundo são caracterizados por relações de dependência mútua pode nos ajudar a ter uma compreensão mais realista do mundo – uma compreensão que está mais de acordo com a maneira como as coisas realmente são.

Cada situação que enfrentamos na vida surge a partir da convergência das contribuições de um grande número de fatores. Sendo assim, ter uma visão ampla é fundamental para que as nossas reações sejam realistas. Não basta olhar para qualquer situação ou problema por apenas uma perspectiva. Precisamos olhar para ela a partir de várias direções, analisar de vários ângulos. Como costumo dizer, devemos olhar pela frente e por trás, pelas duas dimensões; pelo lado direito e pelo lado esquerdo, as quatro dimensões; e por cima e por baixo, formando seis dimensões. Quando fazemos isso, adotando uma perspectiva ampla ou mais holística, nossas reações definitivamente estarão em maior sintonia com a realidade. E, com isso, estaremos mais propensos a alcançar os nossos objetivos.

Muitas vezes, quando surgem problemas, as pessoas têm uma tendência lamentável a vê-los de uma perspectiva muito limitada. Por exemplo, imagine que o seu carro não liga. Continuar girando a chave várias e várias vezes, frustrando-se e gastando a bateria, seria uma tolice. O mais sensato seria fazer uma pausa e considerar o que poderia ter causado o problema. Poderia ser uma falta de combustível, ou talvez algo relacionado ao tempo chuvoso? Simplesmente recuar e olhar a situação a partir de uma perspectiva mais ampla irá lhe permitir abordar o problema com mais calma. Desnecessário dizer que isso também vai lhe oferecer uma chance melhor de lidar com a situação de forma eficiente.

Mais uma vez, quando o infortúnio se abate sobre nós, tendemos a vê-lo como consequência de uma única causa e nos apressamos em culpar os outros. Porém, este tipo de reação excessivamente emocional é na verdade bastante irrealista. Quando o ônibus está atrasado, que benefício há em ficar irritado com o motorista? Geralmente, as ações de uma única pessoa desempenham apenas um papel menor na maneira como os eventos se desenrolam. Reagir aos contratempos com acusações — sejam estas dirigidas a você mesmo ou aos outros — geralmente é um equívoco, e é muito provável que só irá piorar a situação. O fato é que todos os incidentes que encontramos surgem como resultado de inúmeras causas e condições diferentes. Muitas estão fora do controle de qualquer indivíduo, já outras podem permanecer completamente ocultas.

Assim, ao nos depararmos com um grande desafio, como, por exemplo, a perda de um emprego, podemos ficar paralisados pela ansiedade, aprisionados aos aspectos negativos do que aconteceu, pensando: "Agora eu não serei capaz de sustentar a minha família", ou "Pobre de mim, nunca vou conseguir outro emprego".

O perigo desta atitude é que, quando focamos estritamente em nossa situação imediata, nos encontramos incapazes de fazer qualquer coisa. Ao contrário, usar nosso discernimento para ver a situação em um contexto mais amplo e em diferentes perspectivas, nos ajudará a encontrar soluções.

A INCERTEZA INEVITÁVEL

É claro que, não importa o quanto tentemos, o discernimento humano estará sempre incompleto. A menos que sejamos clarividentes ou oniscientes, como Buda ou como Deus, nunca iremos ver o quadro completo da situação, e nunca saberemos todas as causas que deram origem a ela. Também não podemos prever todas as consequências de nossas ações. Há sempre espaço para algum elemento de incerteza. É importante que reconheçamos este espaço, mas isso não deve nos preocupar ou, muito menos, nos fazer perder a esperança no valor da avaliação racional. Ao invés disso, deve ajudar a moderar nossas ações com adequada humildade e cautela. Às vezes, admitir que não sabemos a resposta em si pode servir de ajuda. Se não soubermos algo, é melhor o admitirmos abertamente do que fingirmos que sabemos por orgulho ou vaidade.

A incerteza é outra razão pela qual a ética deve estar sedimentada na motivação e não puramente na consideração de consequências. O fato é que as consequências de nossas ações muitas vezes estão fora do nosso controle. O que podemos controlar é o nível da nossa motivação e o uso de nossas faculdades críticas, nosso discernimento. Quando combinamos esses dois elementos – a motivação e o discernimento – podemos ter certeza de que estamos fazendo o nosso melhor.

OS FRUTOS DO DISCERNIMENTO

Todos os usos do discernimento descritos acima nos trazem uma compreensão, e a reflexão sobre esta compreensão nos traz uma conscientização mais profunda e duradoura. Quando o discernimento é aliado a uma motivação compassiva, temos as duas chaves para abordagem ampla da ética e do bem-estar espiritual em um contexto secular. E estes dois componentes – a compaixão e o discernimento – reforçam-se mutuamente. A compaixão, reduzindo o medo e a desconfiança, cria em nosso coração e em nossa mente um espaço que é calmo e estável, e esse espaço facilita o nosso exercício do discernimento ou inteligência. Da mesma forma, a prática fortalece nossa convicção da necessidade e dos benefícios da compaixão. Portanto os dois se complementam mútua e profundamente.

Ética em nosso mundo compartilhado

NOSSOS DESAFIOS GLOBAIS

Em minha residência em Dharamsala, nas montanhas do norte da Índia, onde desde o início da década de 1960 resido permanentemente, tenho o hábito diário de acordar cedo, normalmente em torno das 3h30 da manhã. Após algumas horas de exercícios mentais e contemplação, geralmente ouço as notícias do mundo pelo rádio e frequentemente me sintonizo com a BBC Internacional. É uma rotina que sigo há anos para ficar em contato com eventos em todo o mundo.

Enquanto ouço o fluxo constante de notícias sobre dinheiro e finanças, sobre crises, conflitos e guerra, muitas vezes me parece que os problemas complexos que enfrentamos no mundo – de corrupção, no meio ambiente, na política, e assim por diante – quase sempre indicam uma falha da ética moral e dos valores internos. Em todos os níveis, vemos uma falta de autodisciplina. Muitos problemas também acontecem devido a falhas no discernimento, visões limitadas ou mentes bitoladas.

É claro que as causas e as condições de alguns problemas específicos podem ser extremamente complexas. As sementes da violência, de rebeliões e guerras étnicas, por exemplo, quase invariavelmente remontam a décadas ou mesmo a séculos. Mas ainda assim, se estamos realmente interessados em combater nossos problemas pela raiz – quer se tratem de conflito humano, pobreza, ou destruição do meio ambiente – em última análise, temos que reconhecer que tudo isso está relacionado a questões éticas. Os problemas que compartilhamos não caem do céu, nem são criados por uma força superior. Em sua maior parte, são produtos da ação e do erro humanos. Se a ação humana pode criar esses problemas em primeiro lugar, então certamente nós, humanos, devemos ter a capacidade, bem como a responsabilidade, de encontrar suas soluções. A única maneira de consertá-los é mudando a nossa visão e os nossos caminhos, tomando iniciativas.

RESPONSABILIDADE GLOBAL

Ocasionalmente, noto que as pessoas estão fazendo uma distinção conveniente entre a ética em nível individual e a ética em um nível social mais amplo. Para mim, essas atitudes são fundamentalmente equivocadas, pois negligenciam a interdependência do nosso mundo.

A ética individual, ou melhor, a sua ausência, pode ter um impacto sobre a vida de muitos, e isso foi poderosamente demonstrado pela crise financeira global que começou em 2008, e cujas repercussões ainda se fazem sentir em todo o mundo. Isso mostrou como a ganância desenfreada por parte de alguns pode afetar negativamente a vida de milhões. Assim como depois dos ataques de 11 de setembro de 2001, começamos a levar a sério os perigos do extremismo e da intolerância religiosa, imediatamente após a crise financeira também devemos reconhecer seriamente os perigos da ganância e da desonestidade. Quando a cobiça é vista como uma coisa aceitável, até mesmo digna de louvor, fica claro que há algo errado com o nosso sistema de valores coletivos.

Nesta era da globalização, é chegado o tempo de reconhecermos que nossas vidas estão profundamente interligadas e que nosso comportamento tem uma dimensão global. Quando o fizermos, veremos que nossos interesses serão melhor acompanhados daquilo que é também de interesse da vasta comunidade humana. Por outro lado, se nos concentrarmos exclusivamente em nosso desenvolvimento interior e negligenciarmos os problemas mais amplos do mundo, ou se, tendo-os reconhecido, permanecermos indiferentes em tentar resolvê-los, teremos esquecido algo fundamental. A meu ver, a apatia em si é uma forma de egoísmo. Para que a nossa abordagem da ética seja verdadeiramente significativa, naturalmente é preciso que nos preocupemos com o mundo. Isto é o sentido do princípio de responsabilidade universal, que é a chave da minha abordagem da ética secular.

O DESAFIO DO PROGRESSO TECNOLÓGICO

Com os tremendos avanços científicos e tecnológicos dos últimos dois séculos – nas áreas militares, médicas e agrícolas –, os seres humanos agora têm conhecimentos sem precedentes sobre o mundo e poder sobre ele. Nunca antes tivemos tanto conhecimento, ou estivemos em tal posição de controle sobre tantos aspectos do nosso planeta. Essa situação levanta uma preocupação muito séria: é possível que as nossas responsabilidades estejam crescendo em um ritmo acelerado demais para a nossa capacidade natural de discernimento moral conseguir acompanhar? Com o poder que a ciência e a tecnologia nos trouxeram, podemos confiar em nós mesmos? Enquanto nossos cérebros não apresentaram nenhuma mudança considerável nos últimos cinco mil anos, o mundo ao nosso redor mudou em um grau extraordinário.

Apesar dos desafios globais de hoje, continuo amplamente otimista. Repetidamente, nós, seres humanos, temos enfrentado e nos erguido diante dos desafios. Navegamos com sucesso por muitas transições no curso de nossa evolução, de comunidades de caçadores-coletores às sociedades urbanas de alta tecnologia. Isto, em si, é um poderoso testemunho de nossa maleabilidade e desenvoltura como criaturas sociais e morais. Na verdade, apesar de todas as guerras, desastres e doenças que encontramos, a raça humana não só sobrevive, mas prospera. Longe de destruir a si mesma, de fato criamos o problema oposto – a população humana cresce a um ritmo alarmante e sem precedentes.

O nosso sucesso como espécie tem sido possível graças à nossa capacidade de *cooperar*, especialmente quando os nossos interesses vitais são ameaçados. E o cerne da cooperação é o princípio de levar em consideração os interesses e o bem-estar dos outros. Por isso, tenho confiança em que nós, seres humanos, através da cooperação, mais uma vez encontraremos o caminho para superar os desafios ecológicos e tecnológicos atuais. Mas não deve haver espaço para a complacência.

A FUTILIDADE DA GUERRA

O século XX foi um século de intensos conflitos humanos em uma escala nunca antes vista. Estima-se que mais de 200 milhões de pessoas morreram em guerras, revoluções e genocídios. Do holocausto nazista aos assassinatos em massa por ditadores como Stálin e Mao (no final de sua carreira); dos campos de extermínio do Khmer Vermelho[6] às tentativas de limpeza étnica nos Balcãs[7] e ao genocídio em Ruanda[8], o sofrimento que a humanidade impôs a si mesma é verdadeiramente difícil de suportar. É claro que a história humana sempre esteve marcada por guerras. Enquanto houver seres humanos, acredito que sempre haverá algum conflito — mas a escala de destruição nos últimos cem anos tem sido, de fato, sem precedentes.

Mesmo durante tempos pacíficos, as tecnologias humanas de destruição foram desenvolvidas, sofisticadas e comercializadas sem pausa. Hoje em dia não há lugar nenhum na face da terra que não esteja ameaçado por esses arsenais de destruição. Quando abordamos o problema da violência no mundo e pensamos sobre como podemos criar um mundo mais seguro para as gerações futuras, devemos fazer muito mais do que somente apelar aos políticos e a seus adversários para exercerem a moderação. As ameaças com as quais vivemos também são provenientes da própria indústria de armas, do comércio de armas e, na verdade, da cultura da violência – tão frequentemente perpetuada pela mídia – que fortalecem a delusão de que a violência é uma abordagem viável para resolver o conflito humano. O que nós precisamos de verdade é de uma mudança fundamental na consciência humana. Porque em todas as circunstâncias, mesmo nas mais excepcionais, violência só gera mais violência, e supor que podemos alcançar a paz através dela é algo totalmente equivocado.

No mundo contemporâneo, profundamente interdependente, a guerra é antiquada e ilógica. Quando, num passado distante, os interesses de dois grupos eram totalmente separados, a violência como último recurso poderia ter sido justificada. Mas este não é o caso hoje, onde todas as regiões e todos os povos estão ligados ambiental, econômica e politicamente. Guerra, opressão ou confrontos civis em uma determinada área, inevitavelmente afetam as pessoas de outras partes do mundo. O problema do terrorismo é um exemplo extremo disso. E quando as pessoas estão fortemente motivadas para a destruição, nenhum policiamento ou sistema de segurança será suficiente para impedi-las.

Um outro fator que torna a violência um meio irrealista para a resolução de conflitos é a imprevisibilidade dos seus resultados, e a recente guerra no Iraque é um bom exemplo. Embora a intenção inicial fosse realizar uma campanha limitada, o resultado foi um conflito prolongado e ainda hoje não resolvido, que devastou a vida de milhões de pessoas inocentes.

Nesses anos que restam do século XXI, precisamos nos assegurar a não repetir os erros do passado. A única maneira de reduzir o nível de violência no mundo atual é que mais e mais pessoas em todo o mundo adotem conscientemente uma postura de desarmamento. O desarmamento é a compaixão na prática. Por isso, são necessários tanto o desarmamento interior — do nosso ódio, preconceito e intolerância em nível individual; quanto o desarmamento exterior — em nível das nações e dos Estados. Ao invés de colocar mais sal nas feridas que herdamos das gerações passadas, temos que começar a curar as nossas diferenças, comprometendo-nos com o diálogo, a cooperação e a compreensão. Na medida em que a população global continua a crescer, e grandes nações como China, Índia e Brasil se destacam com uma rápida expansão econômica, a disputa global por recursos naturais — não apenas combustíveis fósseis, mas também itens de necessidades básicas, como água, comida e terra — inevitavelmente se intensifica. Por isso, é vital que as gerações mais jovens, os guardiões do nosso futuro, desenvolvam uma forte consciência sobre a futilidade da guerra. Podemos aprender com as grandes conquistas de Mahatma Gandhi e Martin Luther King Jr., e reconhecer que a não violência é a melhor abordagem a longo prazo para corrigir a injustiça. Se o século XX foi um século de violência, façamos do XXI um século do diálogo.

MEIO AMBIENTE

Por várias décadas, tenho enfatizado a importância da consciência ambiental para o nosso bem-estar futuro. É muito encorajador o fato de que nos últimos anos essa consciência vem aumentando, especialmente entre os jovens, e que os políticos agora têm levado mais a sério essas questões.

No passado, quando a industrialização começou na Europa e gradualmente foi se espalhando por outras partes do globo, as complexas interrelações do mundo natural eram parcamente entendidas. Em nome do progresso, animais foram caçados até que fossem extintos, florestas foram desmatadas e os cursos de água foram poluídos por fábricas e complexos industriais. Porém, com o avanço da ciência e da nossa crescente compreensão do delicado equilíbrio do mundo natural, a desculpa do desconhecimento não é mais plausível.

Hoje temos que encarar a realidade de que nossos estilos de vida excessivamente materialistas são orientados ao desperdício e comprometem consideravelmente o meio ambiente. É natural que as pessoas no mundo em desenvolvimento aspirem ao mesmo nível de conforto desfrutado por aqueles no mundo desenvolvido. Mas, com o rápido crescimento da população mundial, é evidente que, se não mudarmos os padrões de consumo que consideramos "avançados", a sede da humanidade por recursos naturais será insustentável. Os resultados já são visíveis: a superexploração e sua consequente degradação do ambiente natural, gerando crises ambientais tanto na esfera local como na global. Portanto, é muito importante que as nações que estão buscando um crescimento econômico rápido não sigam às cegas os modelos de desenvolvimento dos países mais ricos. Ao contrário, países como China, Índia e Brasil devem assumir a liderança em encontrar caminhos novos e mais sustentáveis para o desenvolvimento. A este respeito, considero o modelo econômico das microfinanças, que pode ser flexível e sensível a questões locais e ambientais, uma maneira de pensar muito avançada.

Os desafios levantados pela questão ambiental exigem uma cooperação em nível global, sendo a mudança climática um exemplo claro disso. No Tibete, que alguns ambientalistas chamam de "terceiro pólo" por causa da importância de suas geleiras para os sistemas meteorológicos da Ásia, já se observa degelo, e já foi declarado que a temperatura no planalto tibetano tem aumentado a um ritmo consideravelmente mais rápido do que nas áreas planas adjacentes. Muitos dos mais importantes rios da Ásia – o Yangtze, o Amarelo, o Mekong, o Salween, o Brahmaputra e o Indo – nascem no Tibete. À medida que as geleiras derretem, todas as áreas abaixo dos rios tornar-se-ão mais vulneráveis à seca. Isto acontecerá juntamente com os efeitos dos desmatamentos, que já estão provocando fortes impactos nos níveis das inundações. A longo prazo, o degelo no Tibete poderá contribuir para uma mudança drástica no clima e para a escassez de água e desertificação na China, Índia, Paquistão e Sudeste da Ásia. Isto seria catastrófico para todo o planeta.

No mundo atual, é inadmissível que os Estados pensem apenas em seu próprio interesse. As nações desenvolvidas, que gozam de tantos benefícios, deveriam agir em cooperação com os países em desenvolvimento, que naturalmente querem compartilhar desses benefícios. Contudo, uma cooperação genuína não pode ser imposta pela força. Ela só pode surgir a partir da confiança mútua e do respeito entre as partes envolvidas, confiança que só se estabelece com a transparência. O fracasso da Conferência de Copenhague de 2009, sobre meio ambiente global, infelizmente foi um exemplo de como a cooperação se torna impossível quando as partes não conseguem olhar além do seu próprio interesse limitado.

O PROBLEMA DA GANÂNCIA VERSUS AS ALEGRIAS DA FILANTROPIA

No mundo materialista de hoje, há uma tendência perniciosa das pessoas se tornarem escravas do dinheiro, como se fossem partes de uma enorme máquina de fazer fortuna. Isso não contribui em nada para a dignidade humana, para a liberdade ou para o bem-estar genuíno. O dinheiro deve servir a humanidade e não o contrário. Agora óbvias, as grandes disparidades de riqueza no mundo atual, mais extremas do que nunca e ainda em crescimento, são muito angustiantes. As desigualdades econômicas gritantes do mundo de hoje — não apenas entre o norte e o sul globais, mas entre ricos e pobres dentro de cada nação — não são apenas moralmente erradas, mas também fonte de muitos problemas práticos, incluindo guerra, violência sectária e tensões sociais criadas pela migração econômica em larga escala. Sobre a questão da desigualdade econômica, considero-me ao menos metade marxista. Quando se trata de gerar riqueza, melhorando assim as condições materiais das pessoas, o capitalismo é, sem dúvida, muito eficaz, mas, claramente, é inadequado como um ideal social de qualquer tipo, uma vez que é motivado apenas pelo lucro, sem qualquer princípio ético que o oriente. O capitalismo desenfreado pode significar uma terrível exploração dos mais fracos. Assim, precisamos adotar uma abordagem de justiça econômica que respeite o dinamismo do capitalismo, combinando-o com uma preocupação com os menos afortunados. Mais uma vez, acredito que as microfinanças oferecem uma linha de pensamento sustentável e ágil em questões de redução da pobreza e desenvolvimento. Uma abordagem que poderia, por um lado, evitar os excessos do capitalismo e, por outro, a ineficiência do controle estatal excessivo.

Algum tempo atrás, um casal de indianos muito ricos de Mumbai veio me ver. Eles pediam minha bênção. Eu disse a eles, como digo a muitos outros, que as únicas verdadeiras bênçãos virão de si próprios. Sugeri-lhes que, para encontrar bênçãos em suas vidas, deveriam usar sua riqueza para beneficiar os pobres, afinal, Mumbai tem muitas favelas, onde mesmo itens de necessidades básica, como água limpa, são difíceis de encontrar. Então, sugeri que, como eles ganharam dinheiro como capitalistas, deveriam gastá-lo como socialistas!

Neste contexto, gostaria de mencionar que fico profundamente impressionado com filantropos, como Bill e Melinda Gates, e um número crescente de outras pessoas que compartilham seus recursos com a comunidade global em uma escala maciça. Isso é maravilhoso, e apelo aos que atingiram um grau elevado de sucesso material que sigam esta tendência nobre.

NOVOS DESAFIOS DA CIÊNCIA

Os últimos anos foram de rápidos avanços em áreas como a genética e a biotecnologia. No campo da clonagem para fins terapêuticos e reprodutivos, estamos hoje alcançando poderes sem precedentes sobre a criação e a manipulação da vida em si. Segundo me disseram, o sequenciamento do genoma humano também está provocando uma revolução na ciência médica, deslocando o modelo de terapia bioquímico para um modelo baseado na genética. Cada vez mais os cientistas são capazes de fazer previsões com base na genética, através do que eles podem antecipar um provável estado de saúde de uma pessoa. Esses avanços estão fazendo surgir muitas escolhas difíceis, não só para médicos e pais, mas também para funcionários e instituições. Alguns respondem aos desafios apresentados por essas novas tecnologias com condenações generalizadas – dizendo, por exemplo, que todas as modificações genéticas são erradas – mas eu não acho essas questões tão fáceis de ignorar. É importante encarar as nossas novas áreas de responsabilidade com a justa motivação e discernimento crítico. Já abordei algumas questões relacionadas com os novos desenvolvimentos em biogenética em um livro anterior, O Universo em um Átomo (Editora Ediouro, 2006).

Todos os grandes desafios que enfrentamos no mundo exigem uma abordagem baseada na consciência ética e nos valores interiores. Proteger o futuro não é apenas uma questão de leis e regulamentos governamentais, mas exige também iniciativa individual. Precisamos mudar nosso modo de pensar e fazer desaparecer a lacuna que há entre a percepção e a realidade. Por esta razão, e a fim de responder a estes desafios, a educação é crucial.

EDUCANDO AS GERAÇÕES FUTURAS

Quando a educação moderna teve início, a religião ainda era uma força influente na sociedade e, por isso, a introdução de virtudes como a temperança, a modéstia e o servir faziam parte da criação familiar e da participação em uma comunidade religiosa, podendo ser tomadas como certas em um contexto educacional. A prioridade principal da educação universal moderna era vista, desse modo, como a transmissão de conhecimento literário e técnico. Hoje, no entanto, a hipótese de que as crianças estarão educadas automaticamente em ética já não parece realista. A religião já não tem mais a influência que um dia teve na sociedade e os fortes valores familiares – que no passado eram baseados na fé religiosa e cultivados por fortes identidades comunitárias – também foram enfraquecidos, frequentemente por valores materialistas e pressões econômicas. Como resultado, a introdução desses valores internos aos mais jovens já não é mais algo que podemos tomar como garantido. Podemos supor que se as pessoas não aprendem sobre valores espirituais e éticos em casa ou através de instituições religiosas, então é evidente que a responsabilidade das escolas na área da educação espiritual e moral aumentou bastante.

No entanto, em uma época de globalização e sociedades diversas, como podemos lidar com essa responsabilidade não é uma questão simples. Por exemplo, se as crianças de uma determinada escola possuem diversas origens religiosas ou culturais diferentes, sobre que base a escola deve conduzir a educação ética? Usar um único ponto de vista religioso seria inadequado. Em algumas partes do mundo, a religião é um tema totalmente excluído do currículo escolar. Então, como as escolas podem fornecer aos seus alunos uma educação ética que seja imparcial e inclusiva?

Sempre que dou palestras em escolas e universidades sobre a necessidade de maior atenção à ética e aos valores internos, recebo respostas muito positivas. Isto sugere que educadores e alunos também partilham da minha preocupação. O que precisamos é de uma maneira de promover os valores internos que seja verdadeiramente universal – que abrace, sem preconceitos, tanto as perspectivas humanistas agnósticas quanto as religiosas de vários tipos.

No Canadá, no outono de 2009, participei de um interessante diálogo sobre o assunto e encontrei muitos professores estagiários de toda a província de Quebec. Até bem recentemente, Quebec tinha uma sociedade bastante tradicional e predominantemente católica romana. Porém, nas últimas décadas, assim como em várias outras partes do mundo, tem se tornado cada vez mais secular e, com a imigração, também multicultural e multirreligiosa. A fim de acompanhar essas mudanças, as autoridades provinciais estão buscando novos caminhos para o ensino da ética nas escolas, formas que sejam menos dependentes das abordagens religiosas tradicionais.

Sobre questões específicas – como desenvolver um plano de estudos, como ensinar a diferentes faixas etárias – tenho pouco a oferecer, já que são assuntos para especialistas em educação, psicologia do desenvolvimento e áreas afins. Mas sobre o quadro geral, compartilhei minha opinião de que, em uma abordagem secular da ética, é crucial que os princípios básicos sejam genuinamente universais.

Também já compartilhei minha visão de que muitas pessoas podem se beneficiar dos treinamentos formais da atenção plena e do cultivo dos valores internos. É com isso em mente que elaborei mais sobre o tema na segunda parte deste livro.

Sobre as questões de pedagogia, minha única sugestão foi – e continua sendo – lembrar que quando se ensina sobre uma consciência ética e valores internos, nunca é suficiente somente fornecer informação e é de suma importância ensinar através do exemplo. Se, ao falar sobre o valor da bondade, os professores dissertam sobre seus benefícios mas deixam de ilustrar o que estão dizendo através de seu exemplo pessoal, é pouco provável que os estudantes achem as suas palavras convincentes. Se, por outro lado, os professores incorporam a bondade em seu próprio comportamento, mostrando preocupação genuína com os seus alunos, seu ensino será mais eficaz.

Claro que não estou sugerindo que os professores sejam brandos demais! Pelo contrário, os melhores são geralmente bastante rigorosos. Mas para que o rigor seja eficaz, deve estar fundamentado na preocupação com o bem-estar dos alunos. Isso me fez lembrar do meu querido e último tutor sênior, a quem eu prezava muito. Ling Rinpoche tinha uma aparência externa bastante severa e, durante suas aulas – no período em que eu ainda era um jovem monge no Tibete – mantinha dois chicotes perto de si. Um era de couro marrom comum, reservado para usar no meu irmão mais velho, e o outro era um chicote especial amarelo, reservado para mim. Na verdade o chicote amarelo nunca foi usado, mas, se tivesse sido, tenho certeza de que não teria sido menos doloroso do que aquele usado uma ou duas vezes no meu irmão! Brincadeiras à parte, os professores têm enorme influência sobre o desenvolvimento das crianças não apenas em assuntos acadêmicos, mas também como pessoas. Diferentes alunos têm necessidades diferentes, e os professores devem ser sensíveis a isso. A disciplina rigorosa pode ser boa para alguns, enquanto, para outros, uma abordagem branda é mais adequada. No meu caso, até hoje sinto profunda gratidão aos meus tutores. Apesar da aparência severa de Ling Rinpoche, com o passar do tempo aprendi a apreciar a profundidade de sua bondade. Na educação monástica tradicional tibetana, há muitas qualidades admiráveis nos professores, como a paciência, o entusiasmo, a capacidade de inspirar os outros, de ser enérgico e de ser bom em explicar as lições de maneira clara. Mas, acima de tudo, três qualidades são consideradas como as marcas de um grande mestre: excelência acadêmica (*khe*), integridade moral (*tsiin*) e bondade (*sang*).

Estou ciente de que, nas sociedades modernas, os professores muitas vezes enfrentam desafios tremendos. As aulas são muito longas, as matérias ensinadas muito complexas e a disciplina pode ser difícil de ser mantida. Dada a importância e a dificuldade do trabalho dos professores, fico surpreso em ouvir que, hoje em dia, em algumas sociedades ocidentais, o ensino é considerado como uma profissão de baixo status. Isso é sem dúvida um equívoco.

Professores deveriam ser aplaudidos por sua escolha de carreira. Deveriam se parabenizar, especialmente nos dias em que se sentem esgotados e desanimados. Eles estão engajados em um trabalho que irá influenciar não apenas o nível de conhecimento do aluno, mas toda sua vida e, por isso, têm o potencial de contribuir para o futuro da própria humanidade.

A NECESSIDADE DE PERSEVERANÇA

Em face de todos os desafios do mundo interconectado de hoje, o meu otimismo sobre o futuro da humanidade é idealista? Talvez seja. Mas estou sendo irrealista? Certamente não. É injustificável permanecermos indiferentes aos desafios com os quais nos deparamos. Se o objetivo é nobre, se ele será realizado ou não durante a nossa vida, isto é bastante irrelevante. O que devemos fazer, portanto, é nos esforçar e perseverar, sem nunca desistir.

PARTE II

Educando o coração através do treinamento da mente

Introdução: Começando consigo mesmo

Cultivando uma mente ética no cotidiano

Lidando com emoções destrutivas

Cultivando valores internos essenciais

Meditação como cultivo mental

INTRODUÇÃO

Começando consigo mesmo

Na primeira parte deste livro, ofereci uma base secular completa para a compreensão da importância da compaixão e dos valores internos. Porém, compreender a necessidade dessas qualidades não é suficiente. Devemos também agir com base nessa compreensão. Então, como fazer para que essa compreensão faça parte de nossa vida diária? Como vamos nos tornar mais compassivos, mais amáveis, mais dispostos a perdoar e mais criteriosos em nosso comportamento?

As respostas a estas perguntas virão no decorrer dos demais capítulos deste livro, onde proporei algumas sugestões sobre como começar a educar nosso coração. Muitos aspectos destas sugestões — como restringir o nosso comportamento negativo; combater nossas tendências emocionais destrutivas; cultivar os valores internos, tais como: compaixão, paciência, alegria, autodisciplina, generosidade; e desenvolver uma mente calma e disciplinada através do treinamento mental — foram extraídos de tradições budistas clássicas que fazem parte da minha própria formação, especialmente o "treinamento da mente", conhecido em tibetano como lojong. No entanto, acredito que as práticas que serão expostas não necessitam de crença religiosa nem de compromisso. Em vez disso, constituem uma abordagem para viver de forma ética e em harmonia com os outros, com um sentimento de bem-estar profundo, e podem ser praticadas independentemente de qualquer perspectiva religiosa ou cultural específica.

Minhas sugestões nesta segunda parte são oferecidas na sincera esperança de que possam servir de ajuda e orientação para aqueles que querem aprender a superar suas próprias dificuldades, e levar uma vida ética plena que beneficie a eles próprios e aos outros a longo prazo.

Mais uma vez, quero salientar que estas sugestões não são uma cura instantânea para todos os nossos problemas. Educar o coração leva tempo e demanda esforço firme e constante, embora eu não tenha nenhuma dúvida de que, com a motivação sincera, todos podemos aprender a desenvolver um coração amável e generoso, e todos podemos nos beneficiar disso.

8
Cultivando uma mente ética no cotidiano

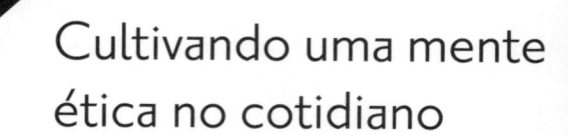

Ética não é simplesmente uma questão de conhecimento. O mais importante é praticá-la. Por esta razão, mesmo a compreensão mais sofisticada da ética será inútil se não for aplicada na vida diária. Viver eticamente exige não só a adoção consciente de uma perspectiva ética, mas também o compromisso com o desenvolvimento e a aplicação dos valores internos em nossa vida diária.

Quanto à questão de como colocar a ética em prática na vida cotidiana, seria útil considerar esse processo como tendo três aspectos ou níveis – cada um progressivamente mais avançado e dependente do anterior para ser bem-sucedido. Conforme descrito em alguns textos budistas clássicos, estes três níveis são os seguintes: a ética da restrição – abster-nos deliberadamente de causar dano real ou potencial aos outros; a ética da virtude – ativamente cultivar e fortalecer nosso comportamento positivo e valores internos; e a ética do altruísmo – dedicar nossas vidas, genuína e abnegadamente, para o bem-estar dos outros.

Para que sejam eficazes, estas três etapas devem ser consideradas em relação a todo o nosso comportamento.

Em outras palavras, não apenas no que diz respeito às nossas ações físicas externas, mas também em relação ao que falamos e, em última análise, em relação aos nossos próprios pensamentos e intenções. Entre esses níveis de comportamento – corpo, fala e mente – o mais importante é a mente, sendo ela a raiz de tudo o que fazemos e falamos.

Concentrar a atenção apenas nas ações do corpo e da fala, seria como um médico tratar apenas dos sintomas de uma doença, e não de sua causa subjacente. Para que um tratamento seja eficaz é necessário resolver o problema em sua raiz. Diante disso, os três últimos capítulos deste livro falam principalmente do treinamento da mente.

Mas, antes de passarmos para o assunto de como educar o coração através do treinamento da mente, devo primeiro dizer algumas palavras sobre a importância de abandonar hábitos destrutivos do corpo e da fala, pois é isto que constitui a primeira etapa na prática da ética.

A ÉTICA DA RESTRIÇÃO

Todas as maiores religiões do mundo e as tradições humanistas têm o mesmo ponto de vista em relação a determinados tipos de comportamento obviamente prejudiciais. Assassinato, roubo e conduta sexual inadequada, como a exploração sexual, são, por definição, prejudiciais aos outros, então é óbvio que devem ser eliminadas.

Mas a ética da restrição exige mais do que isso. Antes que possamos beneficiar os outros efetivamente, devemos nos assegurar de que não iremos lhes fazer mal, mesmo através de ações que não sejam imediatamente violentas.

No que diz respeito a este princípio de não fazer mal, fico particularmente impressionado e honrado com meus irmãos e irmãs da tradição Jain. O jainismo, que é como uma religião gêmea do budismo, considera com grande ênfase a virtude da não violência, ou *ahimsa*, com todos os seres. Os monges jainistas, por exemplo, não medem esforços em se assegurar de que durante suas atividades cotidianas eles não pisem, nem mesmo acidentalmente, em insetos, ou que prejudiquem outros seres vivos.

No entanto, é difícil que todos nós consigamos copiar o comportamento exemplar dos monges e monjas jainistas. Mesmo para aqueles cujo cerco primário de preocupação, ao invés de abranger todos os seres sencientes, limita-se aos seres humanos, pode ser muito difícil não prejudicar os outros direta ou indiretamente através de suas ações. Considere, por exemplo, como os rios são poluídos: talvez por empresas de mineração ou talvez por complexos industriais, com sua produção de componentes que são cruciais para as tecnologias que usamos no nosso dia a dia. Assim sendo, todo usuário dessas tecnologias é em parte responsável pela poluição e, com isso, contribui de forma negativa para a vida dos outros. Infelizmente, é bastante possível prejudicar os outros de forma indireta através de nossas ações, sem que tenhamos qualquer intenção de fazê-lo.

Então, falando de forma realista, acredito que a coisa mais importante que todos nós podemos fazer para minimizar os danos que causamos em nossa vida diária é aplicar o discernimento ao nosso comportamento e seguir essa conscientização natural que surge da ampliação da nossa visão que o discernimento nos traz.

DANOS CAUSADOS POR MEIOS NÃO VIOLENTOS

Enquanto danos provocados por ações externas normalmente podem ser vistos, o sofrimento que causamos aos outros através de palavras pode ser muito sutil, mas não deixa de ser igualmente prejudicial. Isto acontece especialmente em nossos relacionamentos mais próximos, mais íntimos. Nós, seres humanos, somos bastante sensíveis, e é fácil causarmos sofrimentos àqueles que nos rodeiam através do uso descuidado de palavras duras.

Também podemos causar danos através da desonestidade, da calúnia e de fofocas desagregadoras. Sem dúvida, todos nós, em um ou outro momento, já sentimos as consequências negativas das conversas fiadas. Elas minam a confiança e o afeto, criando vários tipos de mal-entendidos e inimizades entre as pessoas. Aqui, como em outras áreas, é preciso observar a "regra de ouro" encontrada em todos os sistemas éticos do mundo: "Trate os outros como você gostaria de ser tratado" ou "Faça aos outros o que gostaria que fizessem a você".

Quando se trata de evitar ações prejudiciais de corpo e fala, além desta regra fundamental, pessoalmente considero útil a lista dos seis princípios, contida em um texto de Nagarjuna, erudito indiano do século II. Neste texto, Nagarjuna oferece conselhos a um monarca indiano do seu tempo. Os seis princípios são os seguintes:

Evite o uso excessivo de substâncias intoxicantes;
Adote o princípio do modo de vida correto;
Certifique-se de que seu corpo, fala e mente não sejam violentos;
Trate os outros com respeito;

Honre aqueles dignos de estima, como pais, professores e aqueles iguais a eles;
Seja gentil com os outros.

Esclarecendo o que é um "modo de vida correto", Nagarjuna lista os seguintes exemplos de um modo de vida equivocado: tentar ganhar benefícios materiais dos outros através do fingimento; usar palavras atraentes para ganhar coisas de outras pessoas através do engano; louvar os pertences dos outros com a intenção de tentar obtê--los para si mesmo; tomar forçosamente o que pertence a outra pessoa; e exaltar as qualidades do que se obteve no passado com a esperança de receber mais.

De uma forma ou de outra, a maioria diz respeito a ser desonesto. A desonestidade destrói a base de confiança dos outros e é profundamente prejudicial. Por isso a transparência em nossas relações com os outros é extremamente importante. Muitos dos escândalos que ouvimos hoje em dia – notavelmente a corrupção, que é observada em vários níveis e em diferentes áreas: o governo, o judiciário, as finanças, a política, a mídia e até mesmo os esportes internacionais – demonstram o desconhecimento sobre essa questão do modo de vida correto.

ATENÇÃO, PRESENÇA MENTAL E CONSCIÊNCIA

Assim como um carpinteiro não pensaria em consertar uma cadeira sem ter ferramentas como o formão e o martelo ao seu alcance, nós também precisamos de um conjunto de ferramentas básicas para nos ajudar em nossos esforços diários para levar uma vida ética. Na tradição budista, este conjunto de ferramentas é descrito como três fatores inter-relacionados, conhecidos como *atenção, presença mental* e *consciência introspectiva*. Estas três ideias podem também ser úteis em um contexto secular. Juntas, podem nos ajudar a manter vivos valores fundamentais em nossa vida cotidiana e a orientar nosso comportamento no dia a dia de modo a torná-lo cada vez mais sintonizado com o objetivo de trazer benefício para nós mesmos e para os outros.

A primeira delas, a atenção, refere-se a adotarmos uma postura geral de cautela. O termo tibetano *bag-yod*, muitas vezes traduzido como "atenção" ou "vigilância", tem o significado de ser cuidadoso ou atento. Por exemplo, se formos diagnosticados como *diabéticos*, o médico irá nos aconselhar a termos muito cuidado com a nossa dieta. Devemos evitar açúcar, sal e alimentos gordurosos para manter nossa pressão arterial e insulina controladas. O médico irá nos alertar que se não formos capazes de seguir esta dieta, isto poderá gerar consequências graves para a nossa saúde. Quando os pacientes se preocupam com sua saúde, irão seguir este conselho adotando uma atitude de cautela em relação a sua dieta. Quando forem tentados a comer algo que deveriam evitar, esta atitude ou postura de cautela irá ajudá-los a exercer a moderação.

Em um texto budista clássico, a atenção é ilustrada pela história de um homem condenado por um crime que, como punição, foi ordenado pelo rei a carregar uma tigela de óleo de gergelim, cheia até a borda, e avisado que se ele derramasse uma só gota seria degolado. Enquanto carregava a tigela, um soldado com uma espada desembainhada caminhava ao seu lado. Podemos imaginar o quão atento e vigilante o condenado deveria estar no seu caminhar! Esta história ilustra o quanto a atenção está relacionada às qualidades da presença mental e da consciência descritas abaixo.

Hoje em dia existem muitas técnicas secularizadas para o desenvolvimento da presença mental, e estas têm se mostrado eficazes na redução do estresse e no tratamento da depressão. Como eu entendo, a presença mental, neste contexto, geralmente se refere a gerar consciência sobre nossos próprios padrões de comportamento, incluindo pensamentos e sentimentos, e a aprender a abandonar os hábitos, pensamentos e emoções que são negativos e inúteis. E é muito valioso se empenhar nisto. Voltarei a abordar no capítulo 9 como podemos ir além no desenvolvimento deste tipo de consciência.

Do meu ponto de vista, no que se refere a levarmos nossa vida cotidiana de forma ética, o aspecto mais importante da presença mental é a *contínua lembrança*. Em outras palavras, a presença mental é a capacidade de recompor-se mentalmente e relembrar a si mesmo os seus próprios valores e motivações essenciais. Em tibetano, a palavra para presença mental é *dran-pa*, que também significa "recordar", "lembrar", por isso sugere levarmos a presença da mente para as atividades cotidianas. Com essa lembrança contínua, somos menos propensos a nos deixar levar pelos maus hábitos e mais propensos a nos abstermos dos atos nocivos. Degradar, desperdiçar e ser excessivo são simples exemplos de comportamentos que podem ser melhorados através da prática da presença mental.

Consciência ou *shes-bzhin* em tibetano, significa prestar atenção ao nosso próprio comportamento. Observar honestamente nosso comportamento enquanto ele acontece e colocá-lo sob controle. Estando cientes de nossas palavras e ações, nos protegemos de cometer atos e dizer coisas das quais iremos nos arrepender mais tarde. Por exemplo, quando estamos com raiva e não somos capazes de reconhecer que ela está distorcendo nossa percepção, podemos dizer coisas que não queríamos. Então, ter a capacidade de monitorar a si mesmo, ter, como se fosse, um segundo nível de atenção, é de grande utilidade na vida cotidiana, pois nos dá maior controle sobre nosso comportamento negativo e nos capacita a permanecermos fiéis às nossas convicções e motivações mais profundas.

Nos tornarmos conscientes do nosso próprio comportamento – de nossas ações, palavras e pensamentos – não é algo que possamos aprender da noite para o dia. Ao contrário, isso se desenvolve gradualmente e, a cada vez que nos tornamos conscientes, lentamente ganhamos maior domínio.

Para alguns leitores, este conjunto de ferramentas para educar a mente pode soar muito parecido com o conselho de "ouça a sua própria consciência", uma ideia que desempenha um papel importante em muitas abordagens religiosas sobre a prática da ética. E, de fato, há muitas semelhanças entre eles. Em algumas religiões, a consciência é considerada como um dom precioso que Deus nos deu, tornando os seres humanos criaturas morais únicas. Do ponto de vista secular, podemos entender a consciência como um produto de nossa natureza biológica como animais sociais, ou como algo que adquirimos da sociedade através da educação e do ambiente. De qualquer forma, todas as pessoas sãs e responsáveis certamente irão concordar que essa qualidade é de grande importância no que diz respeito à nossa sensibilidade moral. Qualquer que seja nossa opinião sobre religião, a ideia de uma pessoa desprovida de consciência – sem qualquer voz interior de restrição ou de responsabilidade moral – é verdadeiramente assustadora.

Tornar-se consciente não é exatamente o mesmo que ouvir a própria consciência. Na teoria da ética budista não se pensa a consciência separada da faculdade mental, pois ser consciencioso ainda é muito importante. Isto é descrito em duas qualidades mentais principais: o *autorrespeito* e a *consideração pelos outros*.

A primeira delas, o autorrespeito, refere-se a ter um senso de integridade pessoal e uma autoimagem como uma pessoa que mantém determinados valores. Então, quando somos tentados a nos engajar em comportamentos prejudiciais, nossa autoimagem funciona como uma proteção, como se pensássemos: "isto não sou eu". A segunda qualidade mental, a consideração pelos outros, refere-se a termos uma relação saudável com a opinião que os outros têm sobre nós, e especialmente com uma possível desaprovação deles. Esses dois fatores juntos nos dão um nível adicional de cautela sobre ações equivocadas, o que fortalece a nossa bússola moral.

A ÉTICA DA VIRTUDE

Se, através da presença mental, da consciência e da atenção, nos tornamos capazes de nos abstermos de prejudicar os outros com ações e palavras na vida cotidiana, então podemos começar a nos concentrar mais seriamente em praticar o bem de maneira ativa, podendo ser uma fonte de grande alegria e confiança interna. Podemos beneficiar os outros através do nosso afeto e de nossas ações de generosidade, sendo caridosos e ajudando os necessitados. Desse modo, quando a desgraça se abater sobre os outros ou se eles cometerem erros, em vez de respondermos ridicularizando-os ou culpando-os, devemos estender a mão e ajudá-los. Beneficiar os outros com nossas palavras inclui elogiá-los, ouvir seus problemas e oferecer-lhes conselhos e encorajamento.

A fim de nos ajudar a beneficiar as pessoas através de nossas palavras e ações, é útil cultivar uma atitude de alegria altruísta com suas conquistas e sua boa sorte. Esta atitude é um poderoso antídoto contra a inveja, que não apenas é uma fonte de sofrimento desnecessário em nível individual, mas também um obstáculo à nossa capacidade de alcançar os nossos objetivos e de nos relacionarmos com os demais. Os professores tibetanos costumam dizer que esse tipo de alegria altruísta é a maneira menos custosa de promover nossas próprias virtudes.

A ÉTICA DO ALTRUÍSMO

Altruísmo é a dedicação desapegada e genuína de nossas ações e palavras para o benefício dos outros. Todas as tradições religiosas do mundo reconhecem isto como a mais elevada forma de prática da ética e, para muitas, é o principal caminho para a liberação ou para a união com Deus.

Porém, apesar dessa dedicação completa e desapegada

aos outros ser a forma mais elevada de prática da ética, isso não significa que o altruísmo não possa ser praticado por qualquer pessoa. De fato, muitas pessoas em profissões de cuidado como serviço social e da área da saúde, e também aqueles na área da educação, estão envolvidas na busca deste terceiro nível de ética. Tais profissões, que trazem benefício direto para a vida de muitos, são verdadeiramente nobres, porém existem inúmeras outras maneiras possíveis de levar uma vida de benefício ao próximo. O necessário é simplesmente estabelecermos o serviço aos outros como nossa prioridade.

Uma parte importante ao servirmos o próximo é usar o discernimento para avaliar as prováveis consequências de nossas próprias ações. Então, sendo atentos, mentalmente presentes e conscientes em nossas vidas cotidianas, iremos começar a ganhar domínio sobre nossas ações e palavras. Este é o fundamento da liberdade. Ganhando maestria sobre este autodomínio e usando-o para garantir que nossas ações não sejam prejudiciais em nenhum nível, poderemos começar a trabalhar ativamente para o benefício dos outros.

Lidando com emoções destrutivas

Como sugeri anteriormente, se a chave para a felicidade humana está em nosso próprio estado mental, é nele também que estão os principais obstáculos para esta felicidade. Sem dúvida, os maiores impedimentos para nosso bem-estar individual e para nossa capacidade em ter uma vida espiritual plena é a nossa própria tendência persistente às emoções destrutivas ou aflitivas. Estas emoções são os verdadeiros inimigos da felicidade humana e a fonte suprema de todo o nosso comportamento destrutivo. Combatê-las é um objetivo importante da prática ética e espiritual.

Mas, antes de oferecer algumas sugestões práticas de como lidar com as tendências destrutivas e como reduzir a influência delas sobre nossos hábitos e comportamentos diários, devo primeiro fazer a pergunta: esta é uma meta realista? Será que nós, enquanto seres humanos, realmente temos a capacidade de fazer uma mudança a partir do nosso interior?

A POSSIBILIDADE DO AUTOAPERFEIÇOAMENTO

Há muito tempo as religiões do mundo reconheceram que os seres humanos têm a capacidade de fazer esta mudança de dentro para fora. Porém, demonstrar quão real é esta capacidade em um contexto puramente secular pode ser um desafio. Por exemplo, uma pessoa materialista poderia argumentar que estamos completamente condicionados pela biologia, ou que, em um linguajar moderno, estaríamos *programados* de uma certa maneira. Por essa ótica, algumas pessoas são naturalmente predispostas a sentir raiva, enquanto outras são naturalmente mais inclinadas à bondade; umas são geneticamente dispostas a serem otimistas, já outras têm uma propensão inata para a depressão. Visto que muitos dos nossos traços de caráter de fato parecem ser herdados, e que as emoções aflitivas como a raiva, o ódio e a inveja são parte da nossa natureza, podemos nos acomodar pensando que não há nada que possamos fazer sobre isso. Como resultado, talvez tenhamos a sensação de que é de fato impossível mudar a disposição mental com a qual nascemos.

Se não houvesse mesmo nada que pudéssemos fazer a respeito de nossas emoções, seríamos verdadeiros escravos delas. No entanto, do ponto de vista científico, especialmente nas áreas de psicologia e neurociência, gradualmente estão emergindo evidências que sugerem que através de um esforço consciente é possível alcançarmos uma mudança significativa em nossos padrões emocionais e comportamentais. Claro que, como disse antes, não sou nenhum cientista. Porém, há muitos anos venho discutindo estas questões com especialistas. Destas conversas, me pareceu que a recente descoberta daquilo que é chamado de "plasticidade cerebral" pode oferecer uma explicação científica para essa significativa possibilidade de mudança. Pesquisadores observaram que, em resposta aos nossos pensamentos e experiências, os padrões e estruturas do cérebro podem mudar e de fato mudam ao longo do tempo. Além disso, agora os cientistas são capazes de observar a interação entre as partes do cérebro associadas a atividades altamente cognitivas, como o pensamento racional (no córtex pré-frontal), e as partes conhecidas como o sistema límbico, incluindo a amígdala (em forma de amêndoa), associadas a nossos reflexos instintivos e emocionais mais primitivos. Esses avanços na neurociência levaram muitos cientistas a considerarem seriamente a ideia de que talvez possamos ser capazes de treinar nossos instintos emocionais através de nossos próprios esforços conscientes, literalmente alterando os padrões físicos do cérebro. A pesquisa nesta área ainda é muito inicial, mas tenho a impressão de que poderá fornecer aos materialistas motivos de esperança tão fortes quanto a fé para os religiosos.

O MUNDO DAS NOSSAS EMOÇÕES

Curiosamente, na ciência da mente do budismo clássico na qual sou treinado, não existe o conceito de emoção como uma única categoria que corresponda de modo preciso à compreensão da emoção na psicologia ocidental contemporânea. Na verdade, não existe uma única palavra em sânscrito e nos textos clássicos tibetanos que traduza exatamente a palavra "emoção". Isto porque entende-se que todos os estados mentais incluem tanto a dimensão cognitiva quanto a sensorial, e contêm cinco fatores mentais onipresentes[9], entre os quais está a "sensação". Os outros quatro fatores são percepção ou reconhecimento, volição, atenção e contato. Assim, mesmo um processo mental cognitivo tão simples quanto contar de um a dez é considerado como tendo algum nível de "sensação", que naturalmente está relacionado ao contexto.

Há também várias maneiras de categorizar nossos estados emocionais. Por exemplo, na psicologia contemporânea a principal distinção muitas vezes é feita entre estados emocionais que são agradáveis ou alegres, descritos como positivos, e aqueles que são desagradáveis ou dolorosos, descritos como negativos.

No entanto, na psicologia budista clássica, a distinção é bastante diferente. A principal distinção não é entre os estados agradáveis e desagradáveis, mas entre aqueles que são benéficos e aqueles que são prejudiciais. Estados mentais "aflitivos", conhecidos como nyon-mong em tibetano ou klesha em sânscrito, são aqueles que põem em risco o nosso bem-estar a longo prazo, enquanto os estados mentais "não aflitivos" são aqueles que não têm esse impacto destrutivo.

Tendo em conta estas diferentes formas de categorizar a experiência emocional, é importante que os leitores não confundam as emoções aflitivas – ou seja, emoções que a longo prazo são prejudiciais ao nosso bem-estar – com aquelas onde simplesmente não nos sentimos bem. É claro que às vezes elas se sobrepõem. Sentimentos de ódio, por exemplo, são ao mesmo tempo destrutivos e também uma experiência desagradável. Há também experiências que podem ser desagradáveis e, contudo, benéficas. E, da mesma forma, podemos ter sentimentos que são agradáveis e, no entanto, destrutivos. Por exemplo, sentimentos de tristeza, pesar e remorso certamente não são agradáveis mas, por si mesmos, não são necessariamente aflitivos. Quando enfrentamos a morte de um ente querido, sentimentos de luto e tristeza podem ser realmente muito construtivos ao nos ajudarem a compreender a perda e seguir em frente. Da mesma forma, emoções que inicialmente parecem agradáveis podem, no entanto, ser destrutivas em um nível profundo, minando a nossa paz e estabilidade mental. Um exemplo disso pode ser a luxúria ou desejo excessivo por um determinado objeto. Inicialmente, tal desejo pode parecer agradável. Mas, no final, o desejo obsessivo corroerá a nossa capacidade de contentamento genuíno e minará o nosso equilíbrio mental, devendo portanto ser considerado destrutivo.

No contexto da ética secular, esta distinção entre estados mentais que minam o nosso bem-estar e o dos outros, e aqueles que promovem esse bem-estar, podem ser muito úteis, uma vez que é diretamente relevante para a busca da felicidade e para levarmos uma vida ética. Visto que as pessoas vêm de diferentes origens e culturas, os estados mentais considerados destrutivos e os considerados benéficos podem variar segundo cada caso particular. De modo geral, podemos definir as emoções destrutivas como estados que prejudicam nosso bem-estar ao criar confusão interna, afetando assim nosso autocontrole e privando-nos de liberdade mental. Podemos ainda distinguir este tipo de emoção em outras duas subcategorias: aqueles estados emocionais que são destrutivos em si mesmos, tais como a ganância, o ódio ou a maldade; e os estados emocionais que só se tornam destrutivos quando sua intensidade é desproporcional à situação em que surgem, tais como o apego, a raiva ou o medo.

De um ponto de vista biológico, todas as nossas emoções básicas evidentemente possuem finalidades evolutivas. O apego, por exemplo, contribui para a união e nos permite criar laços; a raiva nos ajuda a repelir as forças que são prejudiciais para a nossa sobrevivência e bem-estar; o medo nos permite responder a uma ameaça de forma vigilante; e a inveja nos leva a competir com os outros para que não esqueçamos de nossas próprias necessidades. Cientistas demonstraram que estas emoções básicas possuem dimensões biológicas claras. Por exemplo, quando enfrentamos um perigo imediato e surge o medo, mais sangue corre para as nossas pernas. E, com o aumento da adrenalina e a aceleração das batidas do coração, a emoção do medo literalmente nos prepara para fugir. No caso da raiva, mais sangue corre para os nossos braços quando ela surge, preparando-nos para combatermos a ameaça. Assim, o ponto importante que se deve ter em mente é que esses sentimentos não são destrutivos em si; tornam-se destrutivos apenas quando sua intensidade é desproporcional à situação, ou quando surgem sem necessidade.

Quanto ao apego, que em certo sentido é o sentimento que mantém as famílias e as comunidades unidas, não costumamos pensar nele como algo destrutivo. No entanto, quando esta emoção básica se torna excessiva e tenta controlar seu objeto, torna-se destrutiva. Isto é verdade também quando se trata de desejo, que em si não é destrutivo. Afinal de contas, sem ele a raça humana deixaria de existir por completo! Na verdade, o desejo é a emoção que guia nossas atividades diárias – como levantar pela manhã, comer, trabalhar e buscar nossos objetivos de vida imediatos e os de longo prazo.

De modo similar, até mesmo a raiva não é destrutiva sempre. Em algumas situações, por exemplo, a compaixão forte pode dar origem a um igualmente intenso sentimento de indignação – isto é, raiva – em face de uma injustiça. Mais uma vez, sentir um pouco de raiva faz com que nossa mente se torne mais focada e tenhamos uma explosão extra de energia e determinação. Deste modo, em certas situações, a raiva pode nos instigar a fazer coisas e a obter justamente o que queremos. Contudo, quando vai além desta função prática, a maior parte da energia que nos traz não é nada benéfica. Visto que provavelmente em algum momento todos fomos vítimas da raiva de alguém, conhecemos por experiência própria suas consequências desagradáveis.

Mas enquanto em alguns casos a raiva pode ter um elemento construtivo, o ódio nunca tem. O ódio é sempre destrutivo.

O medo, assim como a raiva, não é destrutivo em todas as situações. Em certas ocasiões ele nos faz ficar mais atentos e nos protege do perigo. É um poderoso fator de motivação uma vez que nos obriga a sermos cautelosos e cuidarmos de nosso bem-estar. Porém, quando o medo é obsessivo, pode nos paralisar e se tornar uma condição mental muito destrutiva. Além disso, o medo em excesso dá origem a um estado persistente de ansiedade, prejudicando a saúde. Por isso, muitas vezes faço uma distinção entre o medo razoável e o irracional. O primeiro tipo não só é legítimo, mas na verdade é necessário à nossa sobrevivência. Se um cachorro louco vier correndo em nossa direção, precisamos responder a esse perigo com medo. Isto é evidente. Por outro lado, o medo irracional ocorre quando a fonte da ameaça é em grande parte nossa própria projeção mental. Precisamos conter esse tipo de medo, pois é totalmente inútil e muitas vezes destrutivo. Para combater o medo irracional precisamos ter ao nosso lado uma melhor compreensão da situação.

Este duplo aspecto das emoções – seus lados destrutivos e não destrutivos – podem ser vistos também em outros estados mentais como a dúvida, a vergonha, a tristeza, a competitividade e até mesmo em nosso autocentramento. A dúvida é o fator mental que nos permite questionar e buscar entendimento. De fato, sempre digo que uma dose de ceticismo é bastante saudável, pois abre nossas mentes para questionamentos e novos conhecimentos. No entanto, quando a dúvida se torna patológica pode nos paralisar e nos impedir de tomar qualquer ação decisiva. O mesmo vale para a vergonha. Em sua base, a vergonha é uma importante emoção social com uma função construtiva, no entanto, quando se torna extrema, pode levar a uma baixa autoestima e ao autojulgamento negativo, o que claramente não é construtivo. Em relação ao pesar ou à tristeza, em algumas situações estas emoções são construtivas e tem um efeito positivo. Porém, quando se tornam um hábito da mente, separadas de qualquer causa realista, podem ser destrutivas. Por exemplo, quando se manifestam como uma mágoa internalizada ou como depressão.

A competitividade também pode ser construtiva quando nosso desejo competitivo nos motiva a lutar para conseguir algo melhor ou superior. No entanto, quando a competitividade se transforma em um desejo de depreciar os outros e fazê-los ficarem para trás para que possamos vencê-los, então se torna destrutiva.

No caso do egoísmo, também podemos distinguir dois tipos. Um forte senso de autoafirmação pode ser construtivo, pois é a base para gerarmos autoconfiança – um estado de mente que nos permite dizer "sim, eu posso fazer isso". Mas outro tipo de egoísmo se torna evidente quando, a fim de satisfazermos nossos próprios interesses, nos tornamos totalmente alheios ao bem-estar dos outros e até mesmo dispostos a explorá-los para nosso próprio benefício. Este tipo é claramente destrutivo.

Então, quando estamos lidando com assuntos tão sutis como são os processos mentais humanos, é importante não sermos demasiadamente dogmáticos. É difícil ou impossível afirmar se um determinado estado mental é ou não destrutivo sem o conhecimento de seu contexto. Normalmente só podemos fazer essa determinação tendo em conta a motivação subjacente, o objeto específico da emoção, as consequências da emoção, e assim por diante. No que se refere à mente humana, devemos sempre manter uma atitude aberta, pragmática e flexível.

EMOÇÕES DESTRUTIVAS E SUAS CARACTERÍSTICAS COMPARTILHADAS

Uma característica comum entre as emoções destrutivas é a tendência a distorcer nossa percepção da realidade. Elas limitam a nossa perspectiva de modo que não conseguimos enxergar uma determinada situação em seu contexto mais amplo. Por exemplo, quando estamos sentindo alguma forma de apego extremo – tais como desejo intenso, luxúria ou ganância – frequentemente projetamos uma qualidade de atração ao objeto do nosso desejo que excede em muito o que realmente está na nossa frente. Esse apego obsessivo impede que enxerguemos até mesmo os defeitos mais óbvios. Criamos um tipo de insegurança em nós mesmos e um sentimento de que *precisamos* obter o objeto de nosso desejo e, que se não o obtivermos, estaremos incompletos. O apego excessivo também tende a envolver um desejo por controle, o que pode ser muito sufocante quando o objeto desse desejo é uma pessoa. Devido a isso, o apego extremo é, por natureza, bastante instável. Em um momento podemos sentir grande afeição por algo ou alguém, mas quando, por exemplo, esse nosso desejo por controle é contrariado, o sentimento pode facilmente se transformar em ressentimento ou ódio.

Este tipo de perda de perspectiva é uma das características das emoções extremas ou intensas de aversão, tais como a raiva, o ódio, o desprezo ou o ressentimento. Por exemplo, quando somos dominados por uma intensa raiva, o objeto de nossa raiva aparece sempre cem por cento negativo, mesmo que nos momentos de calma tenhamos reconhecido neste mesmo objeto muitas coisas ou qualidades admiráveis. O exagero causado por uma emoção muito forte nos faz perder a capacidade de discernimento. Não podemos ver as consequências a curto e a longo prazo das nossas ações e, como resultado, ficamos incapazes de distinguir entre o certo e o errado. Literalmente, por fração de segundos, nos tornamos quase loucos, incapazes de agir em nosso próprio interesse. E, depois, quando a emoção esfria, quantas vezes lamentamos pelo que foi feito ou dito devido à raiva!

Há alguns anos, em uma viagem à Suécia, tive uma longa conversa com o Dr. Aaron Beck, um dos fundadores da terapia cognitivo-comportamental, ramo entre os principais da psicoterapia moderna, que tem sido bastante eficaz no tratamento de problemas de comportamento e da depressão. Quando nos conhecemos, Dr. Beck estava no início dos seus oitenta anos. Para mim foi muito interessante saber que muitas de suas observações se aproximavam da psicologia budista clássica. Ele disse que em momentos de intensa raiva, quase noventa por cento da qualidade de repulsividade que vemos no objeto da nossa raiva é um exagero e uma projeção. Isto está em concordância com os estudos encontrados em textos clássicos budistas.

O ponto principal sobre todos esses estados mentais aflitivos é que, de uma forma ou de outra, eles obscurecem a nossa visão nublando nossa capacidade de discernimento. Tornam-nos incapazes de fazermos um julgamento racional da realidade e, portanto, podemos dizer que roubam nossas mentes.

A FAMÍLIA DAS EMOÇÕES

Uma abordagem útil para compreendermos nossas emoções destrutivas é vê-las como famílias relacionadas e diferenciadas pelo tipo de estado mental subjacente que as envolve. Por exemplo, como mencionado, da família da raiva nascem emoções como o ódio, a inimizade e a maldade, caracterizadas por uma repulsa exagerada; enquanto que da família do apego surgem emoções como a ganância, a luxúria e o desejo, caracterizados por um sentimento igualmente exagerado de atração. As outras famílias das emoções aflitivas – as famílias da inveja, do orgulho e da dúvida – envolvem uma mistura de atração excessiva por um lado (no caso do orgulho, um apego exagerado à sua autoimagem ilusória), e repulsão excessiva por outro (no caso de inveja, o sentimento exagerado de inimizade com um rival). Como já vimos, além deste elemento de repulsa excessiva, atração excessiva ou misturas doentias das duas, todas as emoções aflitivas são ainda caracterizadas por uma perspectiva irrealista ou iludida.

A inveja é uma família de aflições complexa, uma vez que sua raiz se encontra no apego e na atração, mas também possui um forte elemento de raiva, hostilidade e repulsa. Em pesquisas científicas recentes sobre a felicidade, descobriu-se que uma das principais fontes de descontentamento no mundo de hoje, especialmente nas sociedades mais prósperas, é a tendência a nos compararmos com aqueles que nos rodeiam. Isso se resume fundamentalmente ao problema da inveja.

A família aflitiva do orgulho ou vaidade, que inclui atitudes destrutivas como a arrogância, o preconceito e até mesmo o constrangimento obsessivo ou irrealista, também envolvem uma mistura de atração e repulsão: por exemplo, a atração pela própria imagem irreal ou iludida, e repulsão ou desdém por qualquer um ou qualquer coisa que ameace este apego à própria aparência. Este apego a uma autoimagem inflada, seja baseado no status social, nas realizações ou nas circunstâncias do nosso próprio nascimento, podem nos levar a ações que são desrespeitosas com os outros, e tais ações são destrutivas tanto para o bem-estar do próximo quanto para nós mesmos.

Finalmente, há a família da dúvida, que abrange emoções destrutivas como a ansiedade e a culpa obsessiva. Estas estão baseadas no medo habitual e pouco realista de inferioridade, sendo muito prejudiciais para a nossa capacidade de sermos compassivos. Portanto, as emoções da família da dúvida podem ser altamente prejudiciais para a nossa sensação de bem-estar.

Estas são as emoções destrutivas que considero os principais obstáculos ao bem-estar humano – não só ao nosso próprio bem-estar individual, mas também ao bem-estar daqueles que nos rodeiam e, finalmente, ao bem-estar do próprio mundo em que vivemos. Fundamentalmente, essas emoções minam a nossa capacidade de colocar em prática os valores éticos positivos, como a compaixão. Somente quando reconhecermos plenamente as repercussões negativas de tais emoções destrutivas e, como resposta, expusermos suas futilidades e impraticabilidades, seremos capazes de enfrentá-las e combatê-las de forma eficaz.

No que diz respeito a balancear as emoções destrutivas, nosso desenvolvimento interno demanda uma abordagem em duas vertentes. Por um lado, devemos buscar reduzir o impacto dos potenciais destrutivos que são inerentes a nós; por outro, temos que procurar melhorar as qualidades positivas que também nos são inerentes. Esta abordagem em duas frentes para o treinamento mental é aquilo que considero ser o coração da prática espiritual genuína.

ASSUMINDO UMA POSTURA

Para poder lidar com essas emoções destrutivas é necessário, antes de tudo, adotar uma atitude ou postura geral em relação a elas: uma postura de oposição.

Tal postura envolve o reconhecimento de que a lei da oposição — na qual positivos cancelam ou neutralizam negativos — não se aplica apenas ao mundo físico, mas também ao nosso mundo interior ou mental. Nas grandes tradições de sabedoria, encontramos lições claras tanto sobre os estados mentais que devem ser combatidos, quanto sobre a necessidade de cultivar e colocar em prática seus antídotos. Se não surgem forças opostas às nossas emoções destrutivas, então não há nada que possamos fazer a respeito delas. No entanto, se existem forças opostas positivas, então elas podem se tornar poderosos antídotos. Por exemplo, o principal antídoto para a raiva é a tolerância, para a ganância é o contentamento, para o medo é a coragem, e para a dúvida é o conhecimento.

Um elemento-chave muito eficaz para gerarmos uma postura de oposição às emoções negativas é o profundo reconhecimento de sua natureza destrutiva e uma convicção de que podemos e devemos nos esforçar para eliminá-las.

Esta convicção também servirá de base para uma resolução duradoura de enfrentamento dessas emoções. Podemos desenvolver este elemento da postura geral de oposição através da atenção e consideração compassiva aos efeitos destrutivos que essas emoções têm sobre nossa vida e sobre a vida daqueles que nos rodeiam. Podemos refletir sobre o fato de que tais emoções — como, por exemplo, o ódio e a ganância — não são apenas fontes de muitos dos nossos problemas pessoais, mas também são as principais fontes de grande parte dos problemas coletivos que enfrentamos, como a guerra, a pobreza e a degradação ambiental. Basta adotarmos uma postura de oposição em relação às nossas emoções destrutivas e sentiremos um impacto imediato, pois isto desenvolverá em nós um sentimento de cautela, uma defesa importante quando essas emoções poderosas nos atacam. Por isso, é crucial considerarmos com cuidado o impacto negativo causado por nossas tendências destrutivas mais persistentes.

Mesmo que por um breve período de tempo, se nossa mente estiver perdida em alguma emoção tão destrutiva quanto o ódio, podemos dizer e fazer coisas terríveis. O dano criado por um momento de intenso ódio pode ser devastador. No budismo, a mente humana é comparada a um elefante selvagem e, como alguns agricultores sabem bem, quando um elefante está agitado, ele pode causar grande destruição. Mas a mente humana rebelde e agitada, dominada por acessos de raiva, maldade, desejo obsessivo, ciúme ou arrogância, pode causar ainda mais destruição do que um elefante enlouquecido, arruinando vidas.

Para combater essas emoções destrutivas tremendamente poderosas que todos carregamos em nós, precisamos desenvolver um entusiasmo e uma determinação muito fortes. Em grande parte, esse entusiasmo surgirá por considerarmos o impacto negativo que essas emoções nos causam. Além de serem extremamente destrutivas quando estamos mergulhados em sentimentos intensos, também podem ter efeitos corrosivos, traiçoeiros sobre o nosso bem-estar interior. Segura e gradualmente, minarão nossa paz interior, nos privarão de liberdade mental e dificultarão a expressão de nossa natureza empática, fonte da nossa maior felicidade. Na verdade, poderíamos até dizer que toda a violência e destruição do mundo são resultado do ódio, e suas consequências negativas podem ser observadas em nível individual, familiar e global.

Então encorajo as pessoas a contemplarem regularmente a natureza destrutiva de tais emoções. Este é um assunto de que falarei novamente no capítulo 11, no qual descrevo algumas práticas de treinamento mental simples que podem ser úteis para desenvolvermos a convicção sobre a necessidade de superar essas emoções, e são um meio para treinar a mente.

COMPREENDENDO AS CAUSAS DA AFLIÇÃO

Uma vez que uma forte determinação para combater nossas emoções destrutivas estiver desenvolvida, podemos refletir sobre suas causas. De onde surgem estas emoções perturbadoras? Bem, talvez possamos responder, elas vêm do mundo em que vivemos e daqueles que nos fazem mal! Podemos até mesmo pensar que se não fosse devido às outras pessoas, não teríamos nenhuma razão para nos sentirmos agressivos, ressentidos ou ansiosos.

Esta resposta – de ver a fonte dos nossos problemas nas condições externas – é natural, principalmente quando não estamos acostumados a prestar atenção aos nossos processos mentais internos. Tendemos a ver o encrenqueiro como algo externo a nós. Porém, se refletirmos profundamente, descobriremos que o verdadeiro causador dos problemas está dentro de nós mesmos; nossos verdadeiros inimigos são as nossas próprias tendências destrutivas. Se a condição externa fosse a verdadeira fonte dos nossos problemas, digamos que se dez pessoas se deparassem com o mesmo tipo de situação externa, então todas deveriam ter a mesma reação ao enfrentar esta situação comum. Porém sabemos que não é isso que acontece. A maneira como reagimos emocionalmente a qualquer situação depende em grande parte da nossa própria perspectiva, da nossa própria atitude e dos nossos próprios hábitos emocionais.

Como parte do processo de aprender a controlar nossas emoções e a desenvolver uma mente calma, é importante que adotemos uma abordagem lógica e sobretudo realista para lidarmos com o mundo e seus problemas. Tomemos a raiva como exemplo. Ficar com raiva realmente é uma reação útil? Se temos um vizinho hostil que constantemente nos provoca, ficar com raiva dele irá remediar a situação? Se permitirmos que a raiva e o ressentimento persistam, eles irão gradualmente nos colocar para baixo, afetando assim nosso humor, nosso sono e até mesmo nosso apetite. E se isso acontecer, o nosso vizinho hostil realmente cantará vitória! Este é o caminho de uma pessoa tola, e é um tipo de autotortura. Se, ao contrário, permanecermos com a mente tranquila, mantivermos a nossa compostura, e conduzirmos nossa vida normalmente, estaremos muito melhor equipados para lidar com situações análogas de uma maneira mais eficaz. A verdade é que não somos bons para fazer nada quando estamos agitados, e até mesmo bater um prego sem deixá-lo torto pode ser problemático!

Após refletirmos, começaremos então a ver que é um erro tentar entender as causas das nossas emoções perturbadoras puramente em termos de coisas ou de pessoas, e aquilo que elas nos provocam. Se recuarmos e pararmos para pensar, veremos que apesar de nossas queixas serem até certo ponto legítimas, nossos sentimentos de irritação e frustração são pouco realistas e muitas vezes exagerados, muito além daquilo que a situação pede. Podemos ver também que essas emoções perturbadoras se repetem várias e várias vezes, e não só por causa de fatores externos mas também porque se tornaram uma espécie de hábito emocional para nós.

Quando começamos a ver as coisas a partir desta ótica, passamos a reconhecer que essas emoções destrutivas alimentam-se de si mesmas – quanto mais forem atendidas, mais fortes se tornarão. Portanto, a fim de enfrentarmos realisticamente o autoperpetuar dessas emoções destrutivas, devemos voltar nossa atenção plenamente para os nossos próprios hábitos mentais e, em vez de culpar os outros e o mundo à nossa volta, primeiramente devemos olhar para dentro de nós mesmos.

Este é um ponto muito bem esclarecido pelo pensador budista do século VIII, Shantideva, ao expor o problema da raiva. Ele diz que seria tolice tentar cobrir o mundo inteiro com couro se quiséssemos evitar que nossos pés fossem furados por espinhos. Mais fácil e mais eficaz seria cobrir as solas de nossos próprios pés. Da mesma forma, é um erro pensar que iremos nos livrar da raiva mudando tudo aquilo no mundo que nos provoque tal sentimento. Ao invés disso, devemos mudar a nós mesmos.

Aquilo de que a raiva mais depende para a sua perpetuação é a nossa própria insatisfação interior, o estado de irritação latente ou a falta de contentamento, que em tibetano chamamos de *yid-mi-dewa*. É essa inquietação mental subjacente que nos torna suscetíveis ao desencadeamento das emoções destrutivas, especialmente à raiva. A insatisfação interior é o combustível do qual as emoções destrutivas, como a raiva e a hostilidade, dependem. Portanto, extinguir as faíscas iniciais é o método mais eficaz para prevenir que o fogo se alastre – ao invés de esperar por altas chamas – e, da mesma maneira, lidar com as causas subjacentes do descontentamento é a forma mais eficaz para prevenir que as emoções destrutivas se desenvolvam.

CONSCIÊNCIA EMOCIONAL

Se quisermos ser bem-sucedidos em nossa luta contra as tendências destrutivas, em primeiro lugar devemos observá-las de perto e estudá-las, pois lidar com elas não é meramente uma questão de suprimi-las. Nossos hábitos emocionais e psicológicos podem ser bem profundos e, muitas vezes, podem ter se desenvolvido ao longo de vários anos. Se não tratamos tais emoções de forma honesta, se as escondemos, provavelmente teremos efeitos muito contraproducentes. Na verdade, ignorar ou suprimir essas emoções pode agravá-las e intensificá-las até que venham à superfície. Assim como um rio cheio que transborda, essas emoções encontrarão expressão em comportamentos e pensamentos negativos inesperados. Portanto, em vez de suprimir nossas emoções destrutivas, devemos ter uma postura de abertura e honestidade com nós mesmos e mantermos nossa consciência atenta àquilo que as desencadeia, como elas nos fazem sentir, e que tipo de comportamento provocam em nós. Esse tipo de atenção introspectiva à maneira como essas emoções surgem dentro de nós e às formas como se manifestam em nosso comportamento é o que chamo de consciência emocional. Somente através desta prática de consciência – enfrentando essas emoções diretamente e analisando-as com cuidado – poderemos gradualmente tê-las sob controle.

Novamente, aqui vale a pena considerar o nosso comportamento em termos de três dimensões – o nível do corpo, da fala e o mais importante, da mente. Se conseguirmos manter a atenção plena introspectiva nestes três aspectos da nossa experiência e do nosso comportamento, então poderemos desenvolver gradualmente uma consciência emocional que vai ser muito útil para restringir nossos impulsos negativos.

A ATENÇÃO PLENA

A atenção plena à experiência emocional é muito benéfica mas, no início, é surpreendentemente difícil alcançá-la. Inicialmente, inclusive a tentativa de identificar as emoções no momento em que surgem parece impossível. Em grande parte, isso acontece porque elas são muito rápidas e nessa fração de segundo em que uma emoção forte surge em nós, ela parece ocupar toda a nossa consciência. Como resultado, o processo através do qual elas surgem permanece despercebido para nós. Tais dificuldades são naturais e não devemos nos sentir desencorajados ou desanimados. Em vez disso, devemos lembrar que a consciência emocional só irá se desenvolver de maneira gradual, com perseverança paciente. Por esta razão, não devemos começar combatendo nossas emoções diretamente, mas sim observando suas manifestações externas em nosso comportamento.

Neste contexto, é útil considerar o surgimento de emoções destrutivas como um tipo de cadeia de causalidade, que começa com um estímulo externo e termina com uma resposta comportamental. O objetivo da consciência emocional é levar a nossa atenção ou presença mental para este processo – que acontece em uma fração de segundos – e, assim, conseguir exercer domínio sobre ele.

Imagine, por exemplo, que uma porta bate. Logo surge a nossa percepção física deste estímulo, através das faculdades da audição, da visão e talvez do tato. De início este é um evento puramente físico, ainda não colorido por qualquer interpretação. Mas, em seguida, menos de um milésimo de segundo depois, surge a interpretação. Neste momento, com frequência há um elemento de projeção: o julgamento, que surge em uma fração de segundo, de que fulano de tal deliberadamente bateu a porta para nos insultar, por exemplo.

A interpretação é rapidamente seguida por uma resposta emocional, talvez raiva, aborrecimento ou irritação. Finalmente, também de maneira rápida, surge a nossa resposta comportamental: dizemos ou fazemos algo em retaliação. Uma vez que entendemos essa cadeia causal, o objetivo é interromper seu fluxo, como se estivéssemos "capturando a nós mesmos" e levando a nossa plena atenção para dentro do processo. De modo geral, é mais fácil começar próximo ao fim, ou seja, entre a reação emocional e sua expressão comportamental. À medida que nos familiarizamos com o processo e nossa consciência emocional se aperfeiçoa, poderemos fazer nosso caminho de volta na cadeia causal, com o objetivo maior de eliminar por completo as emoções aflitivas.

CAPTURANDO A NÓS MESMOS

Assim, nossos esforços iniciais devem se concentrar em assegurar que nossas respostas emocionais destrutivas não se traduzam em ações físicas ou verbais. A ideia é capturarmos a nós mesmos antes de começarmos a explodir, exercitando a restrição. Isso me faz lembrar uma história tibetana muito conhecida sobre Ben Gungyal, um ex-ladrão que virou um mestre espiritual. Um dia, enquanto Ben Gungyal visitava a casa de alguém, o seu anfitrião deixou-o sozinho. Como ele era tão habituado a roubar, sua mão direita instintivamente se estendeu para pegar algo. Naquele exato instante, ele se pegou literalmente segurando seu braço direito com a mão esquerda, e gritou: "Há um ladrão! Há um ladrão aqui!"

Com o propósito de aprendermos a nos conter, é útil nos familiarizarmos com as formas pelas quais nossas experiências emocionais destrutivas nos afetam fisicamente. Por exemplo, qual é a primeira sensação quando ficamos irritados? Será que nossos batimentos cardíacos mudam? Sentimos rigidez facial? Sentimos tensões nos braços ou ombros? Ou, o que sentimos ao vermos um lugar repugnante? Sentimos tensões musculares? E, mais uma vez, que sensações acompanham os sentimentos de ciúme ou inveja? Talvez sintamos algo no estômago ou no peito?

Para aprender a reconhecer as manifestações físicas das nossas emoções, também podemos tentar observar as nossas respostas físicas e mentais a essas sensações. Será que agimos de uma certa maneira, dizemos certos tipos de coisas, temos certos pensamentos? Será que franzimos a testa ou cerramos os punhos? Sentimos o desejo de andar, de ficar de pé, ou talvez apenas um incômodo? Será que há mudança de voz quando nos agitamos? O som torna-se mais alto ou estridente? As palavras vêm mais rápidas na mente? Se estamos trabalhando ou falando quando tal emoção surge, como ela afeta nosso trabalho ou o conteúdo do que estamos falando?

Prestar atenção a esses detalhes nos ajuda a nos familiarizarmos com nossos estados emocionais – e com mais familiaridade ganhamos maior controle. Muitas vezes o simples ato de nos desvencilharmos desses estados emocionais e examiná-los nos ajuda a diminuí-los.

Depois de nos tornarmos bastante familiarizados com o processo e começarmos a ter um certo grau de sucesso em restringir nossas respostas comportamentais, então poderemos dar um passo atrás ao longo da cadeia causal e tentar evitar que a própria emoção chegue a um estágio explosivo. Em outras palavras, você pode aprender a se acalmar naquele momento em que se torna ciente da chegada de uma forte emoção. Para isso, pode fazer várias respirações profundas ou simplesmente desviar a mente da fonte da irritação. Ou você pode ser capaz de ver uma determinada situação sob uma luz mais positiva, como é o exemplo do jovem palestino que aprendeu a ver a imagem de Deus nos rostos dos soldados nos postos de controle israelenses. Às vezes, mesmo que a situação real seja trágica, olhar para ela no contexto de suas múltiplas causas e condições pode ajudar a destensionar reações emocionais negativas muito fortes. Também é útil ver uma situação sob diferentes ângulos ou perspectivas, de modo que o que parece ser uma tragédia sob um olhar também pode ser visto como tendo resultados positivos.

Gradualmente, quanto mais se familiarizar com essa abordagem, maior domínio você ganhará, até o ponto em que será capaz de se perceber antes que a emoção surja. Ao se tornar consciente do surgimento de sentimentos como raiva, irritação ou aborrecimento, você pode aprender a reconhecer o que os desencadeia e, assim, pode se armar contra eles, levando a consciência a assumir prematuramente o processo. Finalmente, com a prática, você poderá ficar menos sensível a esses estímulos, não permitindo que nenhum elemento de projeção distorça sua interpretação dos acontecimentos. Esta última etapa pode ser muito difícil, mas, se puder alcançá-la, também será tremendamente libertadora. Porque mesmo quando você encontrar os estímulos – como, por exemplo, as palavras hostis de outra pessoa – sua consciência irá protegê-lo de interpretações instintivas obscurecidas pelo exagero e pela projeção, permitindo assim que você responda com calma e discernimento.

A QUESTÃO DOS HUMORES

Nestes últimos anos, participei de uma série de diálogos nos Estados Unidos com o Dr. Paul Ekman, um dos pioneiros do estudo científico da emoção, que é chamado de "neurociência afetiva". Na opinião de Dr. Ekman, não são nossas emoções, que ele descreveu como passageiras, que são prejudiciais ao nosso bem-estar, mas o nosso humor. Enquanto as emoções vêm e vão rapidamente, os humores são mais duradouros. Porque eles estão em grande parte latentes, subjacentes ao nosso estado mental, mas sem qualquer foco particular, também podem permanecer ocultos à nossa consciência e, portanto, são mais difíceis de serem combatidos. Dr. Ekman diz: o humor nos torna mais suscetíveis a certas emoções, e é nele que devemos focar e priorizar nossa atenção. Esta, eu acho, é uma observação bem útil.

No meu entendimento, emoções, humores e características pessoais podem ser tratados como fenômenos afins que jazem numa espécie de *continuum*, cada um deles com qualidades mais duradouras. Por esta razão, as formas mais básicas de lidar com eles são praticamente as mesmas. No entanto, o humor também levanta a questão do nível energético geral de uma pessoa, tanto físico quanto mental. Na tradição budista há uma forte ênfase, particularmente no contexto do treinamento mental, no combate a problemas como a letargia excessiva, a apatia ou a preguiça por um lado, e a excitação excessiva por outro. Na minha opinião, esse tipo de conselho, que abordo no capítulo 11, pode ter alguma influência sobre a questão da luta com o nosso humor. Além disso, ainda que o humor possa parecer muito difícil de se desalojar, acredito que todos já experienciamos uma melhora súbita devido à chegada de boas notícias. Isso mostra que nossos humores não são tão estáveis e duradouros quanto parecem. Às vezes, nosso humor pode ser o efeito de alguma emoção trancada dentro de nós, e quando a liberamos ao falar com alguém – talvez pedindo desculpas por algo de que nos arrependemos ou mesmo compartilhando uma piada – nosso humor muda rapidamente. É claro que este alívio pode ser temporário, um pouco parecido com o alívio que temos quando tomamos analgésicos. Então, no final, a forma mais eficaz de lidar com o humor é lidar com nossas próprias emoções subjacentes.

Não há dúvida de que lidar com as nossas tendências negativas é muito desafiador. Diante dos contratempos da vida diária, podemos facilmente cair em velhos hábitos negativos da mente como a frustração, a raiva ou o desânimo. É necessário, portanto, renovar constantemente o nosso esforço em viver de acordo com os valores que queremos sustentar.

Cultivando valores internos essenciais

Vamos relembrar as duas frentes para a prática da ética genuína: de um lado, trabalhar para conter nossas emoções destrutivas; de outro, cultivar ativamente nossas qualidades internas positivas. No capítulo anterior, falei sobre o problema das emoções destrutivas e sobre como, através da conscientização e do controle, podemos lidar de forma construtiva com os desafios que elas nos impõem. Neste capítulo considerarei outra face dessa abordagem. Eu já falei bastante das qualidades positivas que naturalmente existem dentro de nós, entre as quais a mais importante é a compaixão, e também comentei sobre a virtude do perdão no contexto da justiça. O que veremos a seguir é uma breve consideração de alguns outros valores humanos fundamentais: paciência ou tolerância, contentamento, autodisciplina e generosidade.

PACIÊNCIA E TOLERÂNCIA

No contexto da ética secular, talvez o antídoto mais relevante, imediato e urgente para as emoções destrutivas na nossa vida cotidiana seja o que chamamos em tibetano de *bzod-pa*. Embora geralmente traduzido como paciência, *bzod-pa* inclui também as virtudes da tolerância, do autodomínio e do perdão. O que essa expressão realmente significa é a capacidade de suportar o sofrimento. Não deixar que nosso impulso instintivo responda negativamente às nossas dificuldades. Mas *bzod-pa* não tem nada a ver com ser passivo ou impotente. Não é o caso de tolerar algo só porque não se tem a capacidade de revidar. Também não significa, ainda que relutantemente, aguentar injustiças com os dentes cerrados. Em vez disso, a paciência genuína requer grande força. É fundamentalmente um exercício de restrição baseado na disciplina mental. Há três aspectos da paciência ou tolerância a se considerar: a tolerância com aqueles que nos prejudicam, a aceitação do sofrimento e a aceitação da realidade.

Paciência com os autores do dano

Como já sugeri, a reflexão sobre o fato de que tudo depende de um grande número de causas e condições pode nos ajudar a tolerar os males infligidos em nós por outras pessoas. Quando as pessoas nos ferem, de alguma forma é útil lembrar que uma vasta gama de fatores contribuiu para este comportamento. Quando enfrentamos a agressão ou o desrespeito, vale a pena levar em consideração a causa pela qual estas pessoas agressivas ou desrespeitosas estão agindo dessa maneira. Muito provavelmente, seu comportamento reflete as dificuldades que elas estão enfrentando. Reconhecer isso pode moderar nosso instinto de retaliação.

Também é bom lembrar que a raiva não é algo que alguém realmente deseje. Por exemplo, quando ficamos com raiva é porque queremos? Não. Ela surge em nós involuntariamente. Assim como adoecer, ficar com raiva não é algo que fazemos deliberadamente. Além disso, visto que os autores dos danos são, como eu e você, seres humanos que aspiram à felicidade e desejam evitar o sofrimento, eles também são merecedores da nossa compaixão e preocupação. Portanto, a bondade e o perdão são respostas muito mais adequadas à hostilidade do que a raiva.

Tal como acontece com o exercício do perdão, é preciso distinguir entre o ato e o autor, entre o ato danoso e a pessoa que o cometeu. Enquanto nos mantemos firmes, nos opondo ao ato injusto em si, podemos manter o nosso senso de preocupação e compaixão com o autor do dano.

Paciência através da aceitação do sofrimento

Uma dimensão importante da prática da paciência ou tolerância é o cultivo de uma atitude de maior aceitação das dificuldades e sofrimentos que, de fato, são parte inevitável da nossa existência. Este treinamento da paciência assume a forma do desenvolvimento de uma atitude de aceitação genuína de que a vida realmente envolve dificuldades. Negar as adversidades ou esperar que a vida seja fácil apenas causa mais sofrimentos na vida da pessoa. Não quero sugerir que o sofrimento seja algo bom em si mesmo, simplesmente estou dizendo que através da sua aceitação será mais fácil suportá-lo.

Ao viajar pelo mundo, tenho notado que as pessoas de países menos desenvolvidos, cujas vidas são difíceis em termos materiais, frequentemente parecem mais contentes do que aquelas em países ricos, que têm uma vida relativamente fácil. Sob a aparente abundância das sociedades materialmente avançadas jaz uma boa dose de ansiedade e insatisfação interior, enquanto que nos países mais pobres muitas vezes fico impressionado com a alegria simples que as pessoas têm. Como explicar? Parece que as dificuldades, por nos forçarem a exercer maior paciência e tolerância, na verdade nos tornam mais fortes e robustos. Das experiências diárias de adversidade surge uma maior capacidade em aceitar as dificuldades sem perder a sensação interior de calma. Isso é algo que também observei em alguns dos meus amigos europeus. Aqueles da minha geração, que viveram as agruras da Segunda Guerra Mundial, parecem possuir maior paciência e força de caráter do que as gerações mais jovens, que nunca se depararam com tais dificuldades. A experiência de ter perdido amigos e familiares, vivido na incerteza, e ter precisado sobreviver de escassas porções alimentares, ao que parece, fez aquela geração mais forte. Eles são mais capazes de lidar com as adversidades sem perder o humor. De novo, obviamente não estou aqui defendendo as dificuldades como um modo de vida, estou apenas mostrando que se nos relacionarmos com a adversidade de forma construtiva, enxergando seus benefícios, ela pode nos trazer mais resistência e força interior.

Porém, como poderemos lidar com os contratempos habituais da vida? Mais uma vez acho especialmente útil o conselho de Shantideva, o erudito indiano do século VIII:
Se houver uma solução,
Então qual a necessidade de desânimo?
Se não houver nenhuma solução,
Então que sentido faz o desânimo?

Eu chamo essa abordagem para lidar com os problemas de: "se não há necessidade, não há razão". Se um problema tem solução, então não deve ser motivo de preocupação excessiva. Ao invés de nos sentirmos sobrecarregados, devemos simplesmente trabalhar com determinação para chegar a uma solução. Se depois de uma análise cuidadosa, concluímos que não se pode encontrar uma solução, então não ganharemos nada em seguir preocupados. Aliás, quanto mais cedo aceitarmos que o problema não pode ser corrigido, mais fácil será continuarmos com nossa vida. Em ambos os casos, não há necessidade de nos preocuparmos em excesso! Isso não só não nos traz nada de bom, como pode nos prejudicar seriamente, tornando-nos mais fracos ou, pior ainda, levando-nos à depressão.

É claro que isso não quer dizer que devemos nos *entregar* ao sofrimento. Pelo contrário, *aceitar* o sofrimento, longe de significar render-se, é o primeiro passo na luta contra o mal que ele possa nos causar. Ao aceitar as adversidades, começamos a ver que elas não são totalmente negativas. Podem ser uma força poderosa para nos reaproximarmos de outras pessoas, ao despertar nossa natureza empática e compassiva. O sofrimento nos ajuda sobretudo a reconhecer nossa afinidade com o outro. E, com esse reconhecimento, já não seremos sobrecarregados pelas nossas próprias dificuldades, mas ganharemos a força de que precisamos para enfrentar os desafios.

O sofrimento pessoal também pode ser um catalisador para o crescimento espiritual individual. Além de nos tornar mais fortes, pode nos trazer uma espécie de humildade, ajudando-nos a estar em maior sintonia com a realidade.

Estes efeitos do sofrimento são reconhecidos por todas as principais tradições religiosas do mundo. É algo que eu senti na minha própria vida. Não tenho dúvida de que minha experiência no exílio tem me dado uma compreensão da vida mais profunda do que eu teria se ainda vivesse no Tibete, como o privilegiado governante de um país.

Paciência através da contemplação da realidade

A terceira dimensão da prática da paciência envolve concentração em aspectos da realidade que nós, enquanto indivíduos, temos mais dificuldade em aceitar. Estes podem incluir, por exemplo, o envelhecimento ou a morte. Esses tópicos muitas vezes são considerados tabus, porque muitas pessoas simplesmente não querem pensar sobre eles. E este parece ser particularmente o caso nas sociedades mais materialmente ricas, onde o consumismo promove a cultura da juventude. No entanto, contemplar esse tema pode aumentar nosso bem-estar. Refletir profundamente sobre a inevitabilidade da velhice e da morte e seus papéis em nossa existência, nos leva a uma maior tolerância com esses aspectos da realidade que, de outra forma, poderiam nos causar desespero e desânimo.

Como já mencionei diversas vezes, tudo no mundo acontece como resultado de muitos fatores. Em qualquer acontecimento, nossas ações são apenas um fator entre uma grande variedade de causas e condições. Da mesma forma, há sempre muitas faces para um mesmo acontecimento. Portanto, quando temos algum infortúnio, como por exemplo, não conseguir o emprego esperado, vale a pena contemplar que a mesma decisão que nos decepcionou terá beneficiado alguém e, talvez, alguém com uma necessidade ainda maior que a nossa. Apesar de não serem fáceis, tais considerações podem amenizar nossa sensação de perda através da alegria pela boa fortuna do outro. Ao mesmo tempo, o simples ato de mudar o foco da nossa atenção para longe de nós mesmos terá o efeito de fazer com que o problema pareça menos insuportável.

Os benefícios de cultivar a paciência são óbvios. A prática da paciência nos protege da perda de nossa compostura e, ao fazê-lo, nos permite exercitarmos o discernimento, mesmo no calor de situações difíceis. Ela nos dá espaço interior. E dentro desse espaço ganhamos um certo nível de autocontrole, que nos permite responder a situações de forma adequada e compassiva, em vez de sermos conduzidos por nossas compulsões. Com o cultivo constante, a paciência, como a descrevi, nos mantêm equipados para lidar com os altos e baixos inevitáveis da vida. E, além do mais, não há dúvida de que a paciência é uma qualidade que os outros apreciam tremendamente! Através do exercício da paciência, naturalmente nos tornamos muito mais atraentes aos outros, as pessoas sentir-se-ão à vontade com a nossa presença e, consequentemente, mais felizes em nossa companhia. Acima de tudo, a paciência é um poderoso antídoto para emoções destrutivas como a raiva e a frustração.

CONTENTAMENTO

Em minhas primeiras viagens aos países ocidentais, às vezes costumava visitar shopping centers. Naquele tempo não havia tais centros na Índia, e era impressionante para nós, tibetanos, ver todas aquelas lojas elegantes com suas vitrines iluminadas e com todos os tipos de produtos de consumo. Desde a minha infância, sempre adorei objetos mecânicos como relógios, então achei os aparelhos mecânicos e eletrônicos modernos dispostos nessas lojas extremamente atraentes. Olhando para eles, às vezes pensava, "Ah, eu gosto deste", "Eu gosto daquele". Mas me perguntava: "Será que realmente preciso disso?" Naturalmente, a maior parte do tempo, a resposta era negativa. Meus primeiros pensamentos surgiam de algum tipo de ganância instintiva; mas assim que analisava e tinha uma visão realista, não sentia mais necessidade de adquirir ou possuir aqueles itens. Isto é o que eu entendo pela prática do contentamento.

Referir-se ao contentamento como um valor ético essencial às vezes cria um pouco de confusão. Alguém pode dizer que o contentamento não é um valor ético em si, uma vez que diz respeito ao bem-estar individual e não ao dos outros. Não é o contentamento que está na fundação da felicidade que vem através de uma vida de interesse compassivo pelos outros? Se assim for, como o contentamento pode ser considerado como um valor ético a ser nutrido por ele mesmo? Além disso, alguém poderia dizer que o contentamento não pode ser praticado, que ele tem que surgir naturalmente.

Quando falo de contentamento como valor ético, não me refiro a um estado geral de bem-estar ou felicidade, mas realmente a uma noção mais específica de contentamento que em tibetano chamamos *chog-shes*. Não conheço nenhuma tradução simples desse termo em inglês ou em qualquer outra língua ocidental e, como geralmente é traduzido como "contentamento", eu também uso esse termo. No entanto, o significado real de *chog-shes* é *ausência de ganância*. Literalmente significa "saber [quando se tem] o suficiente" ou "saber quando se está satisfeito". Isso significa ser capaz de encontrar satisfação sem cobiçar nada mais.

O contentamento, de acordo com este ponto de vista, é algo como a virtude da moderação. Implica uma modéstia de ambição ou ter desejos limitados. Ao viver modestamente e estabelecer limites razoáveis, nos libertamos do sentimento de insegurança e insuficiência que nascem do desejo incessante. Ao praticar o contentamento, permitimo-nos descansar em um estado sempre presente de satisfação, confiantes de que estamos vivendo pelos ideais que buscamos defender. Ao limitar os nossos desejos e vontades, evitamos sofrer com a insatisfação e a frustração que a ganância gera.

Há um ditado no Tibete que diz: "À porta do rico miserável dorme o mendigo contente." Isso não quer dizer que a pobreza seja uma virtude, mas que a felicidade não vem da riqueza, e sim de estabelecermos limites aos nossos desejos e vivermos satisfeitos dentro deles.

Acredito que cultivar o contentamento seja especialmente importante neste mundo materialista de consumismo global em que vivemos. A sociedade materialista constantemente pressiona as pessoas a desejarem gastar sempre mais, mesmo depois que suas necessidades básicas estão satisfeitas. Sofisticada publicidade é criada para excitar a imaginação e para gerar a percepção de que são os bens materiais que nos fazem felizes, e que estaremos incompletos enquanto não adquirirmos o mais recente acessório, aparelho ou item da última moda. Portanto, o materialismo da sociedade moderna torna a prática da moderação e do contentamento uma necessidade diária, se não quisermos sucumbir a esse sentimento de insatisfação pessoal nascido do desejo irrealista.

Controlar o desejo de querer cada vez mais, aprendendo assim a viver dentro de limites realistas, não é só uma questão de interesse individual, mas também é necessário se quisermos superar os desafios da vida na Terra, gerados por nossas incessantes demandas. Os recursos materiais do planeta são limitados. Adiciona-se a isto o fato de que a população mundial está aumentando rapidamente, e aqueles em países menos desenvolvidos naturalmente aspiram ao mesmo nível de conforto que se desfruta no mundo desenvolvido, como é seu direito. Com isso, fica claro que a nossa trajetória atual tornou-se insustentável. As grandes reservas naturais do mundo contribuem muito para manter o equilíbrio ambiental do planeta. No entanto, as florestas, os oceanos e outros ambientes naturais estão sendo invadidos e destruídos e, ao longo de minha própria existência, muitas espécies de animais e plantas já foram extintas. Assim, os estilos de vida modernos e confortáveis que muitos de nós consideramos absolutamente normais e a que muitos outros aspiram realmente têm um custo considerável.

A necessidade de contentamento é dolorosamente ilustrada pela recente crise financeira, cujas repercussões ainda se fazem sentir em nosso mundo profundamente interdependente. É fácil culpar políticos por não terem regulado suficientemente as instituições financeiras. Porém, em última análise, a crise foi gerada pela própria ganância, pela incapacidade de exercer adequado contentamento e moderação na busca cega por lucros cada vez maiores. Além disso, como um empresário italiano me explicou, houve a especulação excessiva. A palavra "especulação" significa agir sem conhecimento completo. Neste caso, o nível de cautela e humildade apropriado para se empreender ações sem pleno conhecimento estava obviamente ausente. O problema aqui foi essencialmente arrogância e falta de visão. Um terceiro problema foi a falta de transparência, o que permitiu que a desonestidade e o engano se expandissem descontroladamente. Não houve nada que fosse inevitável em qualquer um desses fatores. Todos são simplesmente fracassos éticos, dos quais o principal é a ganância. E os únicos antídotos eficazes contra a ganância são a moderação e o contentamento.

É claro que, ao exaltar os benefícios da simplicidade e da modéstia, não estou sugerindo que a pobreza seja algo aceitável. Pelo contrário, é uma adversidade tremenda e devemos fazer tudo que estiver ao nosso alcance para erradicá-la. Além de fazer da sobrevivência uma luta, a pobreza tende a desempoderar as pessoas e fazer com que se sintam intimidadas ou desmoralizadas. Ela pode levar a uma profunda angústia mental e colocar a pessoa distante de qualquer oportunidade de melhorar sua situação econômica. E isso faz com que as pessoas pobres sofram ainda mais. No entanto, em nível pessoal, quanto mais cedo aceitarmos que a riqueza por si só não nos traz felicidade, e quanto mais cedo aprendermos a viver com um senso de modéstia, melhor será, especialmente no que diz respeito a nossa própria felicidade.

O tempo e a geografia sempre irão impor limites sobre o quanto alguém pode acumular de riqueza em uma única vida. Tendo em vista esta limitação natural, seria mais sensato definir os próprios limites por meio do exercício de contentamento. Em contrapartida, quando se trata de adquirir riquezas mentais, o potencial é ilimitado. Aqui, onde não há limite natural, o apropriado é *não* se contentar com o que se sabe, mas constantemente se esforçar em obter mais conhecimento. Infelizmente, a maioria de nós faz exatamente o oposto. Nunca estamos completamente satisfeitos com o que temos materialmente, mas tendemos a ser inteiramente complacentes com nossas riquezas mentais.

AUTODISCIPLINA

A autodisciplina está intimamente ligada ao valor do contentamento. Na verdade, o valor do contentamento pressupõe um certo nível de prática da autodisciplina, como, aliás, em todos os valores internos discutidos neste livro.

O ponto importante sobre a virtude da autodisciplina é que ela deve ser voluntariamente adotada. Quando a disciplina é imposta, muito raramente é eficaz e às vezes pode até mesmo ser contraproducente. Quando a imposição acontece a partir do medo — seja medo de alguma autoridade externa ou medo decorrente de condicionamentos culturais ou religiosos — frequentemente o indivíduo se sente menos propenso a ela. Como resultado, a disciplina imposta raramente provoca transformação interior.

Por outro lado, quando apreciamos os benefícios que há em nos abstermos dos maus hábitos e o valor do autocontrole, adotamo-los voluntariamente, e é natural que os pratiquemos com maior determinação. Em troca, isso faz com que a nossa autodisciplina seja mais firme.

A fim de cultivar essa autodisciplina voluntária, temos que dedicar um tempo para apreciar e refletir sobre seus vários benefícios, não apenas para nós mesmos, mas também para os outros e mesmo para a humanidade como um todo. Ao fazer isso, podemos gerar o entusiasmo necessário para manter nossa motivação e determinação.

É útil começar refletindo sobre o dano que causamos a nós mesmos, até mesmo fisicamente, quando sucumbimos à tentação e aos maus hábitos. Também podemos considerar o dano que os nossos maus hábitos provocam nos outros. É fácil achar que nosso comportamento pessoal e nossos hábitos não têm nenhum efeito real sobre os outros, mas este quase nunca é o caso. Por exemplo, suponhamos que o membro de uma família é viciado em drogas. É claro que embora os outros membros da família não venham a sofrer efeitos nocivos físicos e mentais diretos do uso da droga, não significa que não serão prejudicados. É bastante provável que sejam profundamente afetados pela preocupação e apreensão, e também por outras agonias e complicações que possam acompanhar a situação. Assim, ao considerarmos os danos que causamos através da nossa falta de autodisciplina em hábitos pessoais, devemos sempre estar atentos àqueles que se preocupam com o nosso bem-estar, e cujo bem-estar está intimamente ligado ao nosso.

Pode ser útil considerar também os efeitos nocivos da falta da autodisciplina em um nível social mais amplo. Em minha opinião, o problema da corrupção, predominante em muitas partes do mundo, é na verdade nada mais que uma falha de autodisciplina. A corrupção é sempre render-se às atitudes egoístas de ganância, de parcialidade e de desonestidade. Mesmo a existência de um sistema legal justo perde seu valor quando este é paralisado pela corrupção.

Com a consciência que surge ao contemplarmos as consequências da ausência de autodisciplina, podemos gradualmente desenvolver uma maior capacidade de resistir às tentações da nossa própria vida. Por fim, com uma prática constante, a autodisciplina começará a desabrochar naturalmente sem precisar do esforço consciente e da força de vontade. Neste ponto, quando a contenção e a moderação surgirem naturalmente, começaremos a sentir a grande sensação de liberdade que vem desse autodomínio. Esta virtude da autodisciplina é apreciada em todas as grandes tradições religiosas do mundo. No Islã, por exemplo, uma forte ênfase é colocada na virtude do *sabr* – perseverança, autocontrole, paciência ou coragem – e daqueles que possuem essa qualidade, os *sabireen*, é dito serem os amados de Deus.

Ganhar domínio sobre nossas tendências destrutivas através da prática da autodisciplina e do exercício da consciência nos níveis de corpo, fala e mente, nos liberta da turbulência interna que naturalmente surge quando nosso comportamento está em desacordo com nossos ideais. No lugar desta confusão surge a confiança, a integridade e a dignidade – qualidades heroicas a que todos os seres humanos aspiram.

GENEROSIDADE

Acho que vale a pena dizer algumas palavras sobre o valor da generosidade – ela que é a expressão externa natural de uma atitude interna de compaixão e gentileza. Quando se deseja aliviar o sofrimento e promover o bem-estar dos outros, então a generosidade – em forma de ação, palavra ou pensamento – é esse desejo colocado em prática.

É importante reconhecer que essa "generosidade" não se refere apenas à doação no sentido material, mas à generosidade do coração. Como tal, está intimamente ligada à virtude do perdão. Sem a generosidade do coração, o perdão genuíno é impossível.

Os textos budistas clássicos descrevem a generosidade em quatro tipos de doação: primeiro, a doação de bens materiais; segundo, a doação de proteção, que significa livrar os outros do medo, dar-lhes segurança, e tratá-los com honestidade e desinteresse; terceiro, a doação de conselhos espirituais, o que implica oferecer conforto, interesse e conselhos que apoiem o bem-estar psicológico e emocional dos outros; e quarto, a doação de amor.

Um ponto importante que se deve ter em mente desde o início é que em qualquer uma dessas quatro doações nunca devemos pedir nada em troca. Ao contrário, a prática deve ser feita sempre a fim de beneficiar o destinatário. Se nossa motivação estiver de alguma forma ligada à busca de benefício próprio, isto não será generosidade genuína.

Os textos budistas clássicos também enfatizam a necessidade de termos discernimento ao nos engajarmos em ações de generosidade. Além de garantir a profundidade de sua motivação, eles discutem a necessidade de se estar ciente de contextos específicos em que a prática da doação poderá não ser apropriada. Doar de forma desproporcional, ou doar algo a alguém num momento errado, poderia provocar mais mal do que bem ao destinatário. E, claramente, há alguns itens, tais como venenos ou armas, que são, por sua própria natureza, impróprios para doação. Se o que doamos puder ser utilizado para prejudicar os outros, o princípio da compaixão exige que evitemos fazê-lo. Além disso, estes textos enfatizam a necessidade de termos a certeza de que estamos doando em respeito ao destinatário, e não por um sentimento de soberba. Um ato de generosidade genuína honrará a dignidade do destinatário. Acredito que todas estas são instruções úteis que devemos manter em mente.

CARIDADE E FILANTROPIA

Há alguns anos, participei de um painel de discussão interessante em Nova York sobre o tema da filantropia. No que se refere aos atos de caridade, em minha opinião, as áreas mais prementes são aquelas da saúde e da educação. A saúde é essencial para a dignidade humana e para o bem-estar, mas os recursos necessários para a moderna assistência à saúde estão simplesmente indisponíveis para muitas pessoas no mundo. A educação fornece os meios pelos quais as pessoas podem adquirir as habilidades e a desenvoltura necessárias para escapar da pobreza.

A caridade é particularmente enfatizada nas religiões abraâmicas, nas quais a doação aos necessitados é considerada uma obrigação religiosa importante. Frequentemente me impressiono com o trabalho de caridade, muitas vezes feito por instituições cristãs, realizado em países em desenvolvimento. Nós, tibetanos, especialmente durante os difíceis primeiros anos de nosso exílio, fomos destinatários dessa generosidade e sentimos seu benefício direto. No Islã, a esmola ou *zakaat* é considerada um dos cinco pilares que cada pessoa devota deve praticar e, no judaísmo, também a caridade é considerada um componente essencial da prática religiosa.

Mas a caridade não beneficia apenas os destinatários. Da parte dos doadores, o que poderia ser mais gratificante do que saber que, através da sua ajuda, muitos outros – pessoas com verdadeiras necessidades – foram beneficiados?

Para aqueles que já são ricos, acumular ainda mais riqueza não lhes trará nada realmente significativo, a não ser que façam bom uso dela. Até um bilionário tem o estômago do mesmo tamanho que o de qualquer outra pessoa, e o número de casas em que alguém pode viver também é limitado. Depois de um certo ponto, mais luxo e extravagância não têm nenhum efeito sobre o nível de conforto de uma pessoa. No final, a riqueza torna-se apenas uma série de números no papel ou na tela do computador. Além do mais, se uma pessoa se preocupa com princípios morais ou em manter um senso de decência básico, entregar-se a um estilo de vida de excessos diante de toda a pobreza que existe no mundo pode ser problemático. É mais ou menos como alguém fazer uma refeição com uma sensação de desprezo na frente de um mendigo que está morrendo de fome!

Felizmente, hoje em dia, em muitas partes do mundo existem pessoas notáveis que compartilham suas enormes riquezas com os necessitados e os pobres por meio de suas atividades filantrópicas, especialmente nas áreas da saúde e da educação. Já mencionei Bill e Melinda Gates que, através de seus trabalhos de caridade, dedicam-se muito aos outros. Também conheço pessoalmente o maravilhoso trabalho de Pierre e Pamela Omidyar, que contribuem com uma parte substancial de suas riquezas para ajudar os outros. Sempre expresso meu apreço pela generosidade com os necessitados do mundo quando encontro essas pessoas. Portanto, mais uma vez faço meu apelo a todos aqueles que estão em posições de riqueza semelhantes, para considerarem seriamente compartilhar seus recursos com os outros através da filantropia.

No entanto, não são apenas aqueles extremamente ricos que precisam pensar com seriedade sobre a doação. Mesmo para aqueles com recursos limitados, uma atitude de generosidade tem enormes benefícios, abrindo seus corações e trazendo uma sensação de alegria altruísta e conexão com os outros. Oferecer bens materiais é uma forma de generosidade, mas podemos permear todo o nosso comportamento de generosidade. Sermos gentis, atenciosos e honestos em relação aos outros, fazermos elogios e darmos conforto e conselhos quando necessário, e simplesmente compartilharmos nosso tempo com alguém. Todas são formas de generosidade e não requerem qualquer nível especial de riqueza material.

ALEGRIA EM DOAR

Acredito que um aspecto importante da prática da generosidade é o de se alegrar. Na tradição clássica indiana há um costume de dedicar os atos de generosidade para um objetivo altruísta maior. Isso ajuda a garantir que o ato de generosidade não seja cego, ou dominado pela parcialidade ou preconceito, mas sim direcionado para o bem maior de toda a humanidade. O costume da dedicação também permite que o doador possa se alegrar no ato da doação. Alegrar-se em doar é muito útil, uma vez que nos torna mais inclinados a nos envolvermos em atos similares de bondade e caridade no futuro.

A grande coisa sobre doar é que não só beneficia o destinatário, mas também traz profundos benefícios ao doador. E quanto mais se doa, mais se tem alegria em doar.

11
Meditação como cultivo mental

Até este ponto, abordamos com algum detalhe as implicações da espiritualidade e da vida ética em termos da nossa prática pessoal. Discutimos algumas maneiras de levarmos presença mental consciente para a vida cotidiana, desenvolvermos uma consciência ampla para que possamos aprender a balancear nossas emoções e, por fim, como cultivar ativamente os nossos valores internos. Uma vez que todas estas práticas, especialmente as duas últimas, envolvem em certo grau usar a mente de modo disciplinado, neste capítulo final gostaria de dizer algumas palavras a mais sobre como cultivar essa disciplina mental. Para mim, esta é uma parte realmente indispensável da vida diária. Por um lado, ajuda a reforçar a minha determinação de sempre agir com compaixão para o bem-estar dos outros. Por outro, me ajuda a manter sob controle pensamentos e emoções aflitivas pelas quais todos somos assediados de tempos em tempos, e a manter uma mente calma.

Quando digo "cultivar a mente" estou falando em utilizarmos a mente de maneira disciplinada, o que envolve o aprofundamento da nossa familiaridade com um objeto ou tema escolhido. Aqui, estou pensando no termo sânscrito *bhavana*, que literalmente significa "cultivo", e cujo equivalente em tibetano *gom*, tem a conotação de "familiarização". Estes dois termos, muitas vezes traduzidos para o inglês como *meditação*, referem-se a toda uma gama de práticas mentais e não apenas, como muitos supõem, um método de relaxamento. Os termos originais sugerem o processo de cultivarmos a familiaridade com algo, seja esse algo um hábito, uma maneira de ver ou um modo de ser.

UM PROCESSO DE TRANSFORMAÇÃO

Como, então, esse processo de cultivo mental conduz a uma transformação espiritual e interna? Aqui pode ser útil trazermos a ideia dos "três níveis de compreensão", assim como são descritos na teoria budista clássica da transformação mental. Estes três níveis tratam da compreensão que deriva de escutar (ou de aprender), a que deriva de refletir, e a que deriva da experiência contemplativa. Por exemplo, consideremos uma pessoa que está tentando compreender a natureza profundamente interdependente do mundo de hoje. Primeiramente, ela gera conhecimento sobre um fato — talvez ouvindo alguém falar sobre o assunto ou lendo sobre isso. Porém, a menos que ela reflita profundamente sobre o que ouviu ou leu, sua compreensão permanecerá superficial e estritamente ligada aos significados literais das palavras. Neste nível, a compreensão que terá de um determinado fato será apenas uma mera suposição baseada na informação. No entanto, na medida em que reflete mais profundamente sobre o significado e o analisa conscientemente, chegando assim a uma conclusão própria, uma profunda convicção surge sobre a verdade do fato. Este é o segundo nível no processo de compreensão. Finalmente, conforme ela continua a cultivar uma profunda familiaridade sobre o fato, sua visão torna-se internalizada, como se fizesse parte da sua própria natureza. Ela então atinge o terceiro nível de compreensão, que nos textos clássicos é caracterizado como experiencial, espontâneo e sem esforço.

Não há nada misterioso sobre este processo de transformação. Na verdade, é algo que acontece em nossas vidas diárias. Uma boa analogia é o processo de adquirir qualquer habilidade – como nadar ou andar de bicicleta – onde o fator-chave é a própria prática. Por exemplo, no contexto da educação, este processo progressivo – primeiro ouvir ou gerar conhecimento, depois aprofundar o próprio conhecimento através da reflexão crítica e finalmente chegar à convicção – é bastante usual. De fato, é algo constatado que o conhecimento baseado simplesmente em ouvir ou ler, sem que haja um processamento através da reflexão, não leva a uma forte convicção e, por isso, não resulta em nenhuma mudança real. Mas se, através da reflexão crítica, ganhamos uma profunda convicção sobre o que aprendemos, isso pode nos levar a nos comprometermos seriamente a fazer com que tal aprendizado se torne parte da nossa visão pessoal.

O processo se aplica não só ao desenvolvimento do intelecto, mas também às nossas qualidades afetivas, tais como a compaixão. Através da reflexão crítica, reconhecemos melhor o valor da compaixão. Isto, por sua vez, pode nos levar a uma profunda admiração pela virtude em si. A admiração pela virtude faz com que nos comprometamos com o cultivo da compaixão em nós mesmos, e esse compromisso nos leva à prática verdadeira. Em outras palavras, ser consciente dos benefícios dá origem à convicção de que vale a pena praticar, e a prática nos leva a realmente perceber ou a dar existência à qualidade ou virtude sobre a qual começamos nossa reflexão.

FORMAS DE CULTIVO MENTAL

Todas as grandes tradições religiosas enfatizam a importância de desenvolvermos nossa vida interna, e muitas das técnicas encontradas em minha própria tradição existem em alguma outra forma em outras tradições também. É possível encontrar, particularmente, muitas semelhanças entre as diversas práticas de treinamento mental utilizadas em diferentes tradições contemplativas indianas. Mas muitas delas são compartilhadas com outras tradições espirituais também. Recentemente, estive presente em uma palestra muito agradável e informativa sobre a oração contemplativa, proferida por um monge carmelita cristão, que mostrou algumas notáveis semelhanças entre as técnicas cristã e budista.

Entretanto, mesmo havendo ligações entre a religião e o cultivo mental ou a meditação, não há nenhuma razão pela qual esta não possa ser realizada em um contexto inteiramente secular. Afinal, a disciplina mental em si não requer nenhum compromisso de fé. Tudo que requer é o reconhecimento de que o desenvolvimento de uma mente mais calma e clara é um esforço que vale a pena, e uma compreensão de que isto irá beneficiar o próprio praticante e os outros. Quanto à minha própria prática diária, além de alguns exercícios especificamente religiosos e devocionais, empenho-me na prática de dois tipos de cultivo da mente: a meditação *discursiva* ou *analítica*, e a meditação de *absorção*. A primeira é um tipo de processo analítico por meio do qual o praticante faz uma série de reflexões, enquanto a segunda envolve concentração profunda em um objeto ou objetivo específico, colocando a mente sobre ele sem distração, como se permanecesse enraizada em uma conclusão. Descobri que a combinação dessas duas técnicas é ainda mais benéfica.

Uma maneira útil para compreendermos as diferentes formas de cultivo mental é olharmos para cada prática na perspectiva do seu objetivo. Por exemplo, existe a prática na forma de *tomar algo como objeto*, quando o meditante considera, digamos, a igualdade básica de todos os seres como o objeto de uma profunda contemplação. Existe ainda a meditação na forma do *cultivo das qualidades mentais positivas*. Neste tipo de prática meditativa, qualidades como compaixão e gentileza não são vistas como objetos da prática mas, em vez disso, a pessoa procura cultivar essas qualidades dentro de seu coração. A primeira dessas duas abordagens corresponde ao desenvolvimento de estados mentais que estão ligados à cognição, tal como a compreensão. Já a segunda desenvolve estados mentais mais afetivos, tais como a compaixão. Poderíamos nos referir a estes dois processos como "educar a nossa mente" e "educar o nosso coração".

Por vivermos em uma época em que muito pode ser feito com o simples apertar de um botão, alguns de nós esperamos ver mudanças imediatas no que diz respeito ao cultivo mental. Podemos até supor que a transformação interior seja simplesmente uma questão de obter a fórmula correta ou recitar o mantra certo. Isso é um erro. O cultivo mental exige tempo e esforço, e envolve muito trabalho e dedicação constante.

LIDANDO COM A PROCRASTINAÇÃO

Para o iniciante, o primeiro requisito para o cultivo mental é uma promessa séria em praticar. Sem esse compromisso, é improvável que uma pessoa consiga sequer começar! Para ilustrar isso costumo contar uma história sobre procrastinação. Era uma vez um lama que, para incentivar seus alunos a estudar, prometeu que um dia os levaria para um piquenique. O incentivo teve o efeito esperado, e os jovens monges aplicaram-se ansiosamente aos estudos. No entanto, o piquenique prometido nunca se concretizava. Após algum tempo, o aluno mais jovem, que não estava disposto a abrir mão de um dia de folga, relembrou o professor de sua promessa. O lama respondeu que estava muito ocupado no momento e isso teria que esperar um pouco. Muito tempo se passou, e o verão deu lugar ao outono. Mais uma vez o estudante lembrou o lama, "Quando iremos fazer esse famoso piquenique?". Mais uma vez o lama respondeu: "Não agora, realmente estou muito ocupado". Um dia o lama notou um tumulto entre os alunos. "O que está acontecendo?", perguntou ele. Um morto estava sendo levado para fora do mosteiro. "Bem", respondeu o aluno mais jovem, "aquele pobre homem está indo a um piquenique!".

A moral desta história é que, a menos que criemos tempo e estabeleçamos o compromisso adequado com as coisas que prometemos a nós mesmos e aos outros, sempre arranjaremos outras obrigações e preocupações mais urgentes — enquanto a morte pode chegar a qualquer momento.

PLANEJANDO NOSSA PRÁTICA

Nesse ponto, devo chamar-lhes à atenção para algo. Um iniciante na prática descobrirá rapidamente que a mente é como um cavalo selvagem. Assim como um cavalo selvagem, é preciso de um bom tempo e familiaridade entre ela e a pessoa que a quer domar antes que possa se acalmar e obedecer a comandos. Da mesma forma, só através da persistência suave durante um período prolongado de tempo é que os benefícios da meditação tornar-se-ão aparentes. Logicamente podemos separar apenas alguns dias para experienciar um breve programa de treinamento mental. Porém, é errado julgar os resultados antes que você tenha realmente dado uma chance a esse treinamento. Pode levar meses, até mesmo anos, para que percebamos seus benefícios completamente.

Em relação às especificidades da prática, em geral de manhã cedo é a melhor hora do dia. Nesse período a mente está mais calma e clara. Entretanto, é importante lembrar que se você quer ter uma boa prática de manhã cedo, é preciso que tenha tido uma boa noite de sono. Quanto a mim, devo dizer que sempre tive muita sorte quando se trata de sono. Apesar de levantar todos os dias em torno das 3h30 da manhã, procuro dormir profundamente oito ou nove horas. Para muitas pessoas isso pode ser difícil. Por exemplo, se houver crianças pequenas em casa, pode não ser possível meditar durante as primeiras horas da manhã. Se este for o caso, então será melhor encontrar outro horário para praticar, de preferência após uma soneca ou quando as crianças estiverem fora da casa. Também gostaria de salientar que quando se come muito antes de meditar a mente tenderá ao torpor. Então, se você deseja ter uma boa prática na manhã seguinte, o ideal é não comer muito à noite.

Em relação à quantidade de tempo que se deve estabelecer para a meditação, nos estágios iniciais, dez a quinze minutos por sessão é bastante adequado. É muito melhor ter ambições modestas do que embarcar em um programa insustentável, que pode fazer com que a pessoa se desencoraje, ao invés de ajudá-la a criar um hábito. Além da sessão de meditação principal, é útil planejar práticas de poucos minutos várias vezes ao longo do dia. Do mesmo modo que se mantém o fogo aceso atiçando-o de vez em quando, se pode manter o *continuum* da meditação estimulando-a com relativa frequência, de forma que aquilo que se experienciou antes não desapareça completamente antes de você começar a próxima sessão formal.

No que se refere ao lugar onde praticar, nos manuais de formação clássica é dito que o barulho é como um espinho na mente. Portanto, para a maioria das pessoas é muito útil encontrar um lugar para sentar-se sem ser perturbado por ruídos. Obviamente, também é uma boa ideia desligar o telefone antes de começar a prática. Mas nada disso quer dizer que a meditação não possa ser praticada mais ou menos em qualquer lugar, ou em qualquer momento do dia. Estou aqui falando apenas sobre o que seria ideal. Pessoalmente, acho que meditar quando se viaja é fazer um bom uso do tempo.

Em relação à postura física adequada para meditação, pode-se adotar qualquer posição que seja confortável, mas se você ficar muito confortável há o perigo de cair no sono. Dito isto, talvez seja melhor adotar o que normalmente é chamado de "postura de lótus", na qual o praticante senta cruzando as pernas com cada pé apoiado sobre a coxa oposta. Uma vantagem desta posição é que além de ajudar a manter o aquecimento corpóreo, a coluna permanece ereta. No início esta postura pode ser desconfortável. Nesse caso, é suficiente simplesmente sentar com as pernas cruzadas ou sentar em uma cadeira se essa posição também for difícil. Outras pessoas, dependendo da tradição religiosa, preferem meditar ajoelhadas, e isso também está bem. Deve-se escolher qualquer posição que provoque o mínimo de distração possível.

Caso opte pela postura de lótus, você pode deixar suas mãos em uma posição relaxada, com a parte posterior da mão direita descansando sobre a palma da mão esquerda. Permita que seus braços relaxem e coloque os cotovelos um pouquinho distantes do corpo, para que haja espaço para o ar passar. Às vezes é útil sentar-se em uma almofada que seja ligeiramente mais elevada na parte de trás. Isso ajuda a alinhar a espinha dorsal, que idealmente deve se manter reta como uma flecha, com apenas o pescoço ligeiramente curvado para baixo. Manter a ponta da língua tocando o palato ajuda a evitar a sede que pode vir devido a certos exercícios respiratórios (e isso também ajuda a prevenir a salivação). Os lábios e os dentes podem ser deixados como de costume. Em relação à posição dos olhos, devagar o praticante descobrirá aquilo que é melhor para ele. Alguns acham que meditar com os olhos abertos é mais eficaz, já outros acham que isso os distrai. Para a maioria, meditar com os olhos semicerrados é melhor, mas outros acham que os ajuda fechá-los completamente.

RELAXAR E ESTABILIZAR A MENTE

Uma vez que você esteja confortável em uma postura, a primeira coisa a fazer é respirar profundamente algumas vezes. Depois, voltando a respirar normalmente, tente se concentrar em sua respiração, percebendo o ar enquanto ele entra e sai pelas narinas. O que você está tentando alcançar é uma mente em estado neutro, nem positivo nem negativo. Alternativamente, você pode fazer uma inalação e uma exalação contando em silêncio de um a cinco ou sete, e repetir o mesmo processo algumas vezes. A vantagem dessa contagem silenciosa é que, ao dar uma tarefa à nossa mente, é menos provável que ela seja carregada por pensamentos inadequados. Em ambos os casos, passar alguns minutos apenas observando sua respiração é geralmente uma boa maneira de alcançar um estado mental mais calmo.

Podemos comparar este processo de estabilizar a mente ao tingimento de um pedaço de pano. O pano branco pode ser facilmente tingido de uma outra cor, mas é difícil tingir um pedaço de tecido já colorido, a menos que queiramos tingi-lo de preto. Da mesma forma, quando a mente está agitada, é difícil que tenhamos um resultado positivo.

Algumas vezes você pode achar difícil se concentrar por sua mente estar totalmente dominada por alguma emoção forte, tal como a raiva. Nesses momentos, pode ser útil, de forma tranquila, repetir várias vezes algumas palavras para acalmá-la. Por exemplo, uma fórmula é dizer "eu abandono minhas emoções aflitivas". Para os religiosos, recitar uma oração devocional curta ou repetir mantras algumas vezes pode ajudar a reduzir a intensidade da emoção. Se esta técnica não funcionar, então talvez seja melhor levantar e sair para uma caminhada breve antes de tentar se concentrar novamente.

Especialmente nos estágios iniciais, pode haver ocasiões em que os pensamentos negativos retornam frequentemente. Nesses casos, você pode se deparar fazendo uma sessão inteira apenas com exercícios para estabilizar a mente. E não há nada de errado com isso: a mente ainda está em treinamento. À medida que você ganha alguma experiência sobre o funcionamento da mente e aprende quais técnicas funcionam melhor com você, gradualmente um estado mental mais neutro torna-se algo familiar. Só isso já é um bom progresso.

Quando conseguir estabelecer um estado mais estável, talvez por alguns minutos durante uma sessão, então poderá começar o trabalho do cultivo mental propriamente dito.

Nos estágios iniciais do treinamento, é melhor fazer vários exercícios diferentes sucessivamente. No começo, você pode achar impossível manter a mente focada por mais de alguns minutos – ou até mesmo por alguns segundos – antes que a distração comece. Isto é completamente normal. Assim que você perceber que está distraído, apenas retorne suavemente ao que estava fazendo antes da distração surgir. Não deve haver nenhuma raiva ou autocensura quando isso acontecer, apenas um reconhecimento paciente do que a mente estava fazendo e um redirecionamento calmo da atenção. O importante aqui é não desanimar.

REFLETINDO SOBRE OS BENEFÍCIOS DO TREINAMENTO MENTAL

Um exercício muito útil no início de uma sessão é refletir sobre os benefícios da prática. Um benefício imediato é que a prática nos oferece uma breve trégua das preocupações obsessivas, calculistas e fantasiosas que habitualmente ocupam nossa mente. Isso em si já é uma dádiva. Outro benefício sobre o qual devemos refletir é que a prática é um caminho infalível para alcançarmos a mais elevada sabedoria, mesmo que seja um caminho demorado e com muitos obstáculos a serem superados ao longo do percurso.

Também é bom refletirmos sobre o que pode nos acontecer se negligenciarmos a prática. Existe o perigo de acabarmos como o monge na história do piquenique – sendo carregados como um morto – sem que cheguemos a desfrutar dos benefícios do nosso esforço. Aquele que não se engaja neste tipo de trabalho tem poucas chances de lidar de forma eficaz com pensamentos e emoções destrutivas que, quando nos dominam, destroem qualquer esperança de paz mental.

Tendo considerado profundamente essas duas possibilidades opostas, e as vantagens de uma comparadas às desvantagens da outra, então passamos a alternar entre elas. Ao fazer isso, perceberemos que os benefícios de praticar superam amplamente quaisquer argumentos a favor de não praticar. Em seguida, repousamos a mente nesta conclusão por um breve período antes de passar para uma próxima sessão.

ALGUMAS PRÁTICAS FORMAIS

Atenção Focada

Uma prática bastante formal de meditação é o cultivo da atenção sustentada através da concentração unifocada. Aqui, você escolhe um objeto como o foco de sua atenção. Pode ser uma flor, uma pintura ou simplesmente uma esfera de luz; ou, para um praticante religioso, um objeto sagrado como um crucifixo ou a imagem de um Buda. Embora, no começo, possa ser útil ter como suporte o objeto real na sua frente, este objeto não é o foco último da sua atenção. Ao contrário, uma vez escolhido o objeto, tente cultivar uma imagem mental dele e, quando estiver bastante familiarizado com a imagem, fixe-a no olho de sua mente. Esta imagem mental do objeto é o que servirá de âncora para sua meditação.

Com a mente relaxada e estabilizada, tente manter o foco no objeto. Visualize-o a cerca de um metro e meio à sua frente, na altura de suas sobrancelhas. Imagine que o objeto tenha aproximadamente cinco centímetros de altura e esteja irradiando luz, de forma que a imagem seja brilhante e clara. Também tente percebê-la como algo que tenha peso. O peso ajuda a prevenir a agitação mental, enquanto o brilho previne que a mente caia em torpor.

Quando se engaja neste tipo de meditação, é melhor não fechar os olhos completamente, mas mantê-los ligeiramente abertos olhando para baixo (seguindo a linha do nariz). Às vezes, os olhos podem ir fechando devagarinho e, se isso acontecer, não tem problema. O importante é que não devem nem estar fechados de forma tensa, nem completamente abertos. A esse respeito, devo mencionar para as pessoas que usam óculos, como eu, que tirá-los para meditar nem sempre é uma boa ideia. Embora sem o uso dos óculos haja menos perigo de distração visual, podemos, devido à perda de nitidez, experimentar letargia ou apatia mais facilmente. E isso, por sua vez, pode levar nossa prática a virar uma espécie de devaneio sem objetivo. Caso aconteça, pense em algo agradável, em algo que lhe faça sentir alegria, o que pode ser um antídoto útil. Outro antídoto é pensar em algo preocupante, às vezes mesmo algo que lhe traga um pouco de tristeza. Você também pode se imaginar olhando para baixo do alto de uma montanha, onde há uma visão desimpedida em todas as direções.

Se começar a sofrer com o problema oposto – isto é, distrair-se com algo que está vendo – então precisa tentar retirar o foco, ou a atenção do que está sendo visto. Nesse ponto pode ser útil meditar sentado de frente para uma parede, sem imagens à frente.

Quando o objeto que você estiver visualizando ficar estável no olho de sua mente – talvez depois de muitas e muitas semanas ou meses de prática persistente – , passe a tentar examinar a sua mente em si, ao mesmo tempo em que ela mantém a visualização do objeto. O que você está tentado fazer aqui é focar a sua mente mas ao mesmo tempo examiná-la, como se a vigiasse discretamente, para garantir que ela não vai relaxar demais inadvertidamente. Quando a mente se torna muito relaxada, o sono não está muito longe! Por outro lado, quando você consegue gerar uma imagem mental sólida e clara, pode começar a se familiarizar com um tipo de foco que no dia a dia só podemos experimentar quando tentamos resolver um problema mental particularmente desafiador. A ideia aqui é que quando você aprende a manter a mente realmente focada, então, da mesma forma em que a água é canalizada para uma hidrelétrica a fim de gerar a grande força necessária para acionar as turbinas, você também poderá usar toda a força de sua mente para focar em qualidades como compaixão, paciência, tolerância e perdão.

Mesmo após ter conquistado uma certa habilidade em manter o foco, inevitavelmente você irá se perceber perdendo a atenção de tempos em tempos, quando sua mente se distancia do objeto, seja devido a eventos externos ou a processos mentais internos. No momento em que perceber que sua mente se distraiu, reconheça isto conscientemente e traga-a de volta ao objeto com gentileza. Se necessário, de vez em quando, refaça a visualização do objeto para que sua imagem dele mantenha-se nítida. Neste tipo de meditação duas qualidades são essenciais: a clareza mental e a estabilidade. A clareza mental o ajuda a sustentar o foco. A estabilidade ajuda você a garantir a clareza ao monitorar se a atenção continua vívida ou não. Para assegurar a presença contínua dessas duas qualidades, você precisa desenvolver e aplicar duas faculdades importantes: presença mental e consciência introspectiva. É através da aplicação constante destas duas faculdades que você gradualmente aprenderá a treinar o seu foco, tornando-se capaz de sustentar a atenção por um período de tempo mais prolongado.

Resumindo: em uma sessão formal típica, nós começamos deixando nossa mente assentar através da respiração.

Em seguida, escolhemos um objeto de meditação e focamos a atenção nele, de vez em quando monitorando se nosso foco está se desviando. Quando percebemos que nossa mente está vagando, gentilmente a trazemos de volta ao objeto de meditação e continuamos. Finalmente, quando quisermos finalizar a sessão, podemos fazer alguns exercícios de respiração profunda mais uma vez, para terminarmos a prática com um estado de mente relaxado.

Consciência do momento presente

Com a mente relaxada por algum tipo de exercício de respiração, uma outra prática útil é tentar repousar no estado natural da consciência básica da mente, ou naquilo que podemos chamar de "consciência do momento presente". Ao começar essa prática, é importante ter o firme propósito de não permitir que a mente seja carregada por pensamentos sobre o que poderia acontecer no futuro ou por lembranças de coisas que aconteceram no passado. Estabeleça a intenção de colocar sua mente simplesmente no momento presente, mantendo-a aí o maior tempo possível. Inicialmente, ao fazer essa prática, é uma boa ideia sentar-se de frente para uma parede que não tenha cor ou padrão chamativo. Então, após ter feito várias respirações profundas, você simplesmente deixa a mente repousar e começa a observá-la.

De fato, no começo isto é bastante difícil de se fazer. Na vida cotidiana, nosso mundo mental é capturado por objetos temporários, quer sob a forma de experiências sensoriais, ou sob a forma de pensamentos, memórias e ideias. Raramente experienciamos um estado que não esteja vinculado a nenhum conteúdo específico, mas que simplesmente repouse no estado natural de presença mental consciente. Então, inicialmente, quando você se engaja nessa meditação, irá notar que inevitavelmente sua mente vagueia, pensamentos e imagens flutuam pela sua consciência, ou alguma lembrança surge sem nenhum motivo aparente. Quando isso acontecer, não se deixe capturar pela energia desses pensamentos e imagens, tentando suprimi-los ou dando-lhes ainda mais atenção. Basta observá-los e deixá-los ir, como se fossem nuvens aparecendo e desaparecendo no céu, ou bolhas que surgem e se dissolvem na água. Com o tempo, você começará a vislumbrar o estado natural da consciência básica da sua mente, ou aquilo que poderíamos também chamar de "luminosidade pura". À medida que você avança nesse processo, de vez em quando poderá experienciar intervalos curtos que parecem ser algo como uma ausência ou um vazio, quando a mente não tem nenhum conteúdo específico. Suas primeiras conquistas nesse caminho serão fugazes. Mas ao persistir nesse processo durante um longo período, o que começa como um mero vislumbre pode gradualmente se ampliar, e você começará a entender que a mente é como um espelho, ou como a água limpa, em que as imagens aparecem e desaparecem sem afetar sua base.

Um benefício importante dessa prática é a habilidade que ganhamos em observar nossos pensamentos sem sermos capturados por eles. Como um observador desapegado assistindo a um espetáculo, você irá aprender a ver seus pensamentos por aquilo que são, ou seja, como construções de sua mente. Muitos dos nossos problemas surgem porque, em nosso estado destreinado e ingênuo, confundimos os nossos pensamentos com a realidade. Tomamos o conteúdo dos nossos pensamentos como se fossem reais e construímos toda a nossa percepção e resposta à realidade com base neles. Ao fazer isto, amarramo-nos cada vez mais a um mundo que é essencialmente nossa própria criação e ficamos presos nele, como um pedaço de corda emaranhado em seus próprios nós.

Treinando em compaixão e gentileza

Outra categoria de práticas muito benéfica envolve o cultivo de qualidades mentais positivas, tais como a compaixão e a gentileza. Esse tipo de exercício utiliza processos de pensamentos deliberados. Mais uma vez, começamos com exercícios preliminares de respiração, a fim de relaxar e estabilizar a mente. Só depois dessa preparação começamos a prática propriamente dita.

Estes exercícios são particularmente úteis em ocasiões em que você estiver lutando contra sua atitude ou sentimento em relação a alguém com quem tem dificuldade. Primeiramente, traga essa pessoa à sua mente, invocando uma imagem dela muito vívida, como se você sentisse a sua presença. Em seguida, comece a contemplar o fato de que ela também tem esperanças e sonhos, sente alegria quando as coisas vão bem e tristeza quando não vão. Neste ponto, não há a mínima diferença entre essa pessoa e você mesmo. E, exatamente como você, essa pessoa deseja a felicidade e não o sofrimento.

Reconhecendo essa aspiração fundamental que todos compartilham, tente sentir-se conectado a essa pessoa e cultive o desejo de que ela alcance a felicidade. Pode ser útil repetir silenciosamente algo como: "Que você possa estar livre do sofrimento e de suas causas. Que possa alcançar a felicidade e a paz". Em seguida, permita que sua mente repouse neste estado de compaixão. Dos dois tipos de prática de cultivo mental mencionados anteriores, a meditação discursiva e a meditação de absorção, este método de cultivar a compaixão envolve principalmente um processo mental discursivo. Porém, de vez em quando, é bom repousar a mente em um estado de absorção, como se chegássemos em casa trazendo uma conclusão alcançada depois de uma discussão.

Como já abordei o tema da compaixão de forma relativamente extensa, não voltarei a aprofundá-lo. Muitos dos pontos descritos anteriormente podem ser incorporados ao seu cultivo deliberado da compaixão. Esta combinação de métodos – treinamento mental discursivo intercalado com treinamento mental da absorção – é igualmente útil no desenvolvimento efetivo de outras qualidades internas, tais como a paciência ou a tolerância.

Cultivando equanimidade

Quando nos referimos ao estado de equanimidade, é importante não confundi-lo com indiferença. A equanimidade é um estado de mente no qual nos relacionamos com os outros de uma forma que está livre dos preconceitos enraizados nas aflições que vêm do excesso de atração ou de aversão.

Há duas formas principais de praticar a equanimidade. Uma é comparada a nivelar o solo do jardim para que as flores plantadas possam crescer bem e de modo uniforme. Aqui o objetivo é reduzir a nossa tendência habitual de interagir com os outros a partir de categorias que tomam a nós mesmos como referência: amigos, inimigos e estranhos. A segunda prática é sobre desenvolvermos um profundo reconhecimento, como se isso viesse das nossas próprias entranhas, da igualdade fundamental que existe entre nós mesmos e os outros, como seres humanos que aspiram à felicidade e desejam evitar o sofrimento.

Na primeira destas práticas, mais uma vez empregamos o processo de pensamento discursivo. Embora seja normal sentirmos proximidade em relação aos nossos entes queridos, rejeição em relação àqueles que nos querem mal e indiferença com os estranhos, frequentemente criamos problemas e sofrimentos desnecessários para nós mesmos e para os outros. Nos apegamos demais a cada uma dessas categorias devido à nossa autorreferência. Como discutido antes, esta é a raiz da nossa tendência em nos relacionarmos com os outros em termos de "nós" e "eles". Por isso, cultivar uma equanimidade maior em relação aos outros é extremamente útil, em especial para nos ajudar a viver uma vida ética.

Para fazer esta prática, mais uma vez você deve começar relaxando e estabilizando a mente através de exercícios respiratórios. Em seguida, invoque a imagem de um pequeno grupo de pessoas de que você gosta, tais como alguns amigos mais próximos e parentes. Mentalize esta imagem com o máximo de detalhes e verosimilhança possível. Em seguida, adicione ao lado desta uma outra imagem de um grupo de pessoas com as quais você se sente indiferente, como pessoas que você vê no trabalho ou fazendo compras, mas que não conhece bem. Mais uma vez, tente ver esta imagem tão real e detalhada quanto possível. Finalmente, invoque uma terceira imagem, dessa vez de um grupo de pessoas de quem você não gosta, com quem está em conflito, ou de cujas opiniões você discorda completamente. De novo, mantenha essa imagem vívida e com o máximo de detalhes possíveis.

Tendo criado mentalmente as imagens desses três grupos de pessoas, permita agora que suas reações usuais em relação a eles emerjam. Perceba seus pensamentos e sentimentos em relação a cada grupo. Você irá descobrir que sua tendência natural é sentir apego em relação ao primeiro grupo, indiferença em relação ao segundo e hostilidade em relação ao terceiro. Reconhecendo isso, seu próximo passo é examinar sua própria mente e considerar como cada uma destas três reações lhe afeta. Você irá descobrir que seus sentimentos em relação aos membros do primeiro grupo são prazerosos, inspirando uma certa confiança e força, que vem com o desejo de aliviar ou evitar os sofrimentos deles. Em relação ao segundo grupo, você irá perceber que seus sentimentos não inspiram nenhum pensamento particular de interesse. No entanto, com o terceiro grupo, os sentimentos que você tem irão estimular sua mente em direções negativas.

O próximo passo é engajar-se na reflexão usando sua faculdade crítica. As pessoas que hoje consideramos inimigos não permanecerão assim para sempre, e isso também é verdade para os amigos. Além do mais, às vezes nossos sentimentos em relação aos amigos, tal como o apego, podem nos trazer problemas, enquanto que às vezes nossas interações com inimigos podem nos beneficiar, talvez nos ajudando a nos tornarmos mais fortes e mais alertas. Contemplar tal complexidade pode nos levar a refletirmos sobre a futilidade que há em nos relacionarmos com as outras pessoas de uma maneira extrema – sejam elas parte do terceiro grupo ou do primeiro. Quando você compreender que esse modo excessivo de se relacionar com os outros bloqueia sua habilidade de gerar boa vontade em relação a eles, e que tem um impacto negativo sobre sua paz mental, então tente diminuir a força de seus sentimentos exagerados. O objetivo dessa prática é fazer com que você seja capaz, com o passar do tempo, de se relacionar com os outros livre da classificação em categorias de amigos ou inimigos, mas como seres humanos cujas necessidades fundamentais você reconhece como iguais às suas.

Quanto à segunda forma de praticar a equanimidade, muitos dos pontos já discutidos no capítulo 2, onde se abordou o tema da nossa natureza humana comum, podem ser incorporados aqui nesta prática de cultivo mental. Os pontos-chave são as duas verdades simples: assim como eu mesmo tenho um desejo instintivo e legítimo de ser feliz e evitar o sofrimento, todas as outras pessoas também o têm; e assim como eu tenho o direito de buscar satisfazer estas aspirações inatas, eles também o têm. Refletindo sobre esses pontos, podemos nos perguntar: por que razão fazemos esta discriminação tão forte entre nós e os outros? Se repetirmos este exercício muitas e muitas vezes, não apenas por uma ou duas sessões de prática, mas por um período prolongado de semanas, meses e até anos, gradualmente descobriremos que somos capazes de gerar uma equanimidade interior verdadeira baseada neste reconhecimento profundo de que a humanidade compartilha a aspiração inata de desejar a felicidade e não querer o sofrimento.

Regozijando-se nos exemplos dos outros

Outro exercício que pode ser muito útil no cultivo de estados mentais benéficos é a prática da meditação discursiva tendo como objeto o bom exemplo de uma pessoa que admiramos muito. Essa prática assemelha-se, de algum modo, a usarmos de modelos positivos para nos inspirarmos. Para quem vem de um contexto secular, pode ser alguém do passado ou do presente, a quem admiramos especialmente por sua compaixão e altruísmo: talvez um médico ou médica, um enfermeiro ou enfermeira, um professor ou professora, ou um ou uma cientista. Para aqueles com fé religiosa, pode ser o fundador ou fundadora de uma tradição ou algum santo ou santa históricos. Ao refletir sobre a vida da pessoa admirada, pensando em como ele ou ela vive ou viveu para os outros, em como o seu comportamento é ou foi caracterizado pela compaixão, nós nos familiarizamos com o seu exemplo.

Um dos objetivos deste tipo de treinamento mental analítico é aprender a apreciar diretamente uma determinada qualidade. Neste caso, analisamos o que motiva as pessoas a se dedicarem aos outros. Tendo identificado esta qualidade, a focalizamos e repousamos a mente sobre ela, como uma forma de nos unirmos a essa qualidade através de uma visão direta e intuitiva, motivada pela compaixão, que é o objetivo final deste exercício. Em outras palavras, a ideia é nos treinarmos a agir em nossas vidas diárias, da mesma forma que a pessoa que admiramos agiria, de tal modo que, por exemplo, quando nos tornamos conscientes do sofrimento dos outros, nos sentimos dispostos a reagir como esta pessoa reagiria. Com isso, primeiramente estaríamos procurando mudar a nossa atitude em relação aos outros para em seguida mudar o nosso comportamento. Afinal, este é o objetivo da nossa prática: inspirar e transformar as nossas ações. Se isso não acontece, então não há sentido em continuarmos a praticar.

Lidando com atitudes e emoções aflitivas

O treinamento da meditação discursiva ou analítica pode ser altamente eficaz no que se refere a lidarmos com emoções e atitudes destrutivas. Para começar, é bom escolher um estado mental aflitivo que seja dominante em sua personalidade. Todos nós possuímos uma gama completa de aflições, mas elas se diferenciam em níveis de predominância para cada indivíduo. Alguns são mais propensos a emoções aflitivas da família da raiva, tais como irritação, agitação, hostilidade e comportamentos explosivos. Outros são mais propensos à inveja, ao ciúme, e à intolerância ao sucesso de outras pessoas. Outros ainda são mais sujeitos às aflições da família do apego, tais como desejo, ganância, cobiça ou luxúria. Alguns indivíduos têm o problema oposto, ou seja, indiferença ou incapacidade de se conectar com os outros.

Uma vez escolhida a emoção ou atitude aflitiva com a qual você irá lidar primeiro, como descrito anteriormente, faça um relaxamento mental com exercícios respiratórios e então poderá iniciar a prática.

Em primeiro lugar, reflita sobre os efeitos destrutivos do estado mental que você escolheu. Por exemplo, para a raiva, reflita sobre a maneira como ela imediatamente perturba sua serenidade mental, sobre a forma como gera um humor negativo e estraga a atmosfera ao seu redor. Considere também que, no calor da raiva, há uma tendência a se dizer coisas duras, mesmo para aqueles a quem se tem profundo carinho e, em geral, essa emoção afeta negativamente as interações com os outros. A contemplação da natureza destrutiva de tais estados mentais precisa ser profunda o suficiente para que, ao longo do tempo, sua postura em relação a tais estados torne-se uma postura de cautela e vigilância. Um famoso meditante tibetano certa vez disse: "Eu só tenho uma tarefa nas mãos: ficar de guarda na porta de entrada da minha mente. Quando as aflições estão prestes a agir, eu fico pronto para agir; quando estão quietas, eu permanço quieto".

Uma vez que estiver convencido da natureza destrutiva dessas aflições, siga para o próximo estágio da meditação. Você deverá desenvolver uma consciência maior dos estados mentais em si e, particularmente, do seu surgimento. Ao se familiarizar com a forma como você se sente quando essas emoções surgem – como elas se fazem sentir fisicamente, subjetivamente ou psicologicamente –, aprenderá a reconhecê-las antes que comecem a causar grandes danos. Quanto mais precisamente for capaz de identificar as características associadas ao surgimento de cada emoção, maior será sua chance de trazer presença mental ao processo e, assim, intervir antes que ele se desencadeie.

A terceira etapa desta prática de cultivo mental para

lidar com estados mentais aflitivos é aplicar seus respectivos antídotos: por exemplo, usar a tolerância para combater a raiva, a amorosidade para combater o ódio, a contemplação das imperfeições de um objeto para combater a ganância ou o desejo por ele. Isso pode ser extremamente eficaz em fazer com que os estados mentais aflitivos diminuam.

Como sugerido anteriormente, em todas as três fases desta prática, é importante combinar processos mentais discursivos ou analíticos com o repouso da mente em um estado de absorção unifocada em pontos conclusivos. Esta combinação permite que os efeitos da prática penetrem profundamente em sua mente e comecem a ter um impacto real em sua vida cotidiana.

OBSTÁCULOS A UMA BOA PRÁTICA DE CULTIVO DA MENTE

É de se esperar que, para começar, o praticante deste tipo de disciplina mental experimente muitas provações e dificuldades ao longo do caminho. Existem poucas habilidades benéficas que podem ser alcançadas sem que muito esforço seja empreendido e por um longo período de tempo. No cultivo mental, o desafio é ainda maior, visto que não apenas o objetivo do nosso esforço é mental, mas também o meio através do qual praticamos e a esfera em que a prática ocorre. De tal forma que mesmo praticantes avançados encontram obstáculos.

Para todos, sejam iniciantes ou avançados, além dos problemas gerais relacionados com a motivação, há dois principais obstáculos para uma boa prática. Um é a distração e o outro é a letargia ou o que podemos chamar de torpor mental. Para um iniciante, é mais provável que haja distração primeiro: a mente se dispersa perseguindo os pensamentos, ideias ou sentimentos que a mantêm em um estado excitado ou de agitação, prevenindo-a de encontrar estabilidade. A distração pode assumir a forma de uma excitação grosseira, na qual o objeto de foco da prática se perde completamente. Ou pode tomar uma forma mais sutil na qual, embora o objeto não tenha sido perdido totalmente, um canto da mente permanece preocupado com outra coisa, nos impedindo assim de gerarmos o foco adequado.

A forma como superamos esses obstáculos para alcançarmos uma boa prática depende da nossa experiência individual. Às vezes, relembrar nosso propósito ao nos engajarmos no cultivo mental será o suficiente. Em outros momentos, talvez tenhamos que deixar de lado o que estávamos tentando praticar e passar para algum outro exercício. Também podemos fazer algum exercício de respiração breve, ou repetir devagar e deliberadamente palavras simples, adequadas para a ocasião como: "eu deixo de lado a minha distração". Em outros momentos, precisaremos interromper a sessão meditativa e caminhar a esmo ao redor da sala por alguns minutos. Como sempre, o importante é não desanimar.

O outro grande obstáculo a uma prática bem-sucedida, letargia ou torpor mental, acontece quando a mente está muito relaxada. Conseguimos nos retirar das preocupações habituais e libertar a mente de distrações mas, em seguida, porque a nossa energia fica muito baixa ou talvez porque não estejamos suficientemente alertas, nossa mente começa a ficar letárgica e ficamos, por assim dizer, "fora do ar". Os exercícios de treinamento mental podem ser relaxantes, porém o relaxamento em si não é de forma alguma o seu objetivo final. Precisamos cultivar e manter um estado mental que seja estável mas, ainda assim, possua uma qualidade de alerta. Na verdade, habituar-se a permanecer por muito tempo em um estado mental relaxado sem que haja essa qualidade alerta pode ofuscar a nitidez da mente.

Como superar essa letargia irá variar de pessoa para pessoa e de sessão para sessão. Uma caminhada curta e rápida ou alguns minutos visualizando uma luz brilhante podem ser remédios eficazes. Para aqueles com inclinações religiosas, brevemente lembrar das qualidades extraordinárias de alguma figura de sua tradição religiosa poderá ajudar. Outro remédio é imaginar nossa consciência brotando dentro do espaço. Novamente, é uma questão do que funciona melhor para cada um. Em resumo, se você achar que a sua mente está um pouco apática, esta é uma indicação de que o obstáculo da letargia está começando a vir à tona. A fim de combater isso, você precisará encontrar uma maneira de elevar e ativar o seu estado mental.

A QUESTÃO DO PROGRESSO

Na prática do cultivo mental, como em qualquer atividade humana, cada indivíduo progride em ritmos variados e alcança níveis distintos de realização em momentos diferentes, de acordo com sua idade, condição física, intelecto e outros fatores. Alguns, com maior poder de introspecção, rapidamente aprendem a detectar o aparecimento de qualquer distração ou inércia, e tomam medidas para impedir que qualquer desses estados se desenvolva. Outros demorarão mais tempo para fazê-lo. Em ambos os casos, isso não deve ser motivo de orgulho ou tristeza. Sempre que surgirem obstáculos, deve-se manter uma atitude de humildade e procurar superá-los sem raiva.

A ALEGRIA DO TREINAMENTO MENTAL

Conforme progredirmos em nossa prática, perceberemos cada vez mais o quanto a mente é passível de ser treinada. Aprenderemos a substituir os pensamentos e sentimentos negativos pelos positivos e a enfraquecer o domínio que os pensamentos e as emoções aflitivas exercem sobre nossas mentes. No entanto, é importante deixar claro que não se trata aqui de *suprimir* pensamentos e emoções negativas. Ao contrário, devemos aprender a reconhecê-los pelo que são e substituí-los por estados mentais positivos. E fazemos isso não só para gerarmos autodomínio, mas também porque alcançar este tipo de controle sobre nossas mentes nos coloca em uma posição muito melhor para podermos beneficiar compassivamente os outros.

Também é importante ter em mente que nunca devemos nos forçar a praticar. Como mencionado anteriormente, iniciantes inevitavelmente irão experienciar muitas distrações, e acostumar a mente à disciplina de uma prática formal de meditação leva tempo. Portanto é essencial ser paciente e não nos desencorajarmos. Se nos encontrarmos como se estivéssemos em uma luta durante a sessão meditativa, pode ser um sinal de que é hora para um intervalo. Persistir em tais circunstâncias não será eficaz. Quanto mais lutamos, mais a mente se tornará exausta. E se continuarmos nessa situação, em breve começaremos a não gostar de praticar, a ponto de sentirmos aversão ao vermos o lugar onde praticamos. É importante não chegar a este extremo. O cultivo mental implica em disciplina mental sim, mas nem por isso deve se tornar um castigo. Pelo contrário, é algo que deve nos dar alegria. Devemos ter prazer em nossa prática e, quando conseguirmos isso, nossa alegria nos ajudará a progredir rapidamente.

O IMPACTO NA VIDA DIÁRIA

Quando nos deparamos com problemas em nossa vida diária, como acontece com todos nós de tempos em tempos, a prática de nos tornarmos conscientes pode nos ajudar a ter uma perspectiva mais realista sobre o que nos causa dificuldades. Se, por exemplo, trocamos palavras ásperas com alguém – seja um membro de nossa família, um colega de trabalho ou um estranho – seria bom dedicarmos alguns minutos de nossa prática a trazer o acontecimento à nossa mente e inspecionar nossas reações a ele. Então, visualizando nosso adversário à nossa frente, tentamos gerar sentimentos de gratidão em relação a ele ou a ela. À primeira vista, pode parecer estranho. Mas, como já mencionei, nossos inimigos são, na verdade, nossos maiores mestres e, sendo assim, estes sentimentos de gratidão são de fato inteiramente apropriados. Com isso em mente, nos visualizamos reverenciando o nosso adversário e à medida que fazemos isso, se a nossa atitude for correta e nossa motivação pura, a aversão que sentimos em relação a essa pessoa gradualmente irá se dissipar, e seremos capazes de gerar amor compassivo em seu lugar.

Em essência, o objetivo dos exercícios de treinamento mental que descrevi especialmente na perspectiva da ética secular, é nos tornarmos seres humanos mais calmos, mais compassivos e mais sensatos. Porém, existem outras maneiras pelas quais estes exercícios podem nos beneficiar em nossas vidas diárias. Em particular, à medida que avançamos, criamos um grau de estabilidade em nossa mente que faz com que ela se torne menos propensa tanto à excitação quanto à depressão excessiva; assim a nossa prática nos ajuda a nos proteger do estresse de vivermos os altos e baixos da vida intensamente. Não quero dizer que isto seja uma anestesia mental. Estou me referindo a refrearmos nossa intemperança. O treinamento mental não nos impede de experienciar a vida ao máximo. Ajuda-nos a sermos mais moderados em nossas respostas à vida. Isto pode soar como uma receita para uma existência entediante, mas se refletirmos por um momento, entenderemos que ter uma mente que é como um pequeno barco sendo atirado para lá e para cá em um mar selvagem não é um estado muito satisfatório. De modo similar, não é útil termos em nosso quarto uma luz que em um momento é tão brilhante que mal podemos enxergar e em outro é tão escura que não podemos ver nada. O que queremos é uma luz moderada e constante, que nos permita ver os objetos ao nosso redor de forma clara. Quando desenvolvemos algum grau de controle sobre nossas mentes, nos tornamos mais capazes de enfrentar os eventos em nosso próprio ritmo, sejam eles positivos ou negativos.

Do mesmo modo que não estou falando em anestesiarmos nossa mente, também não estou sugerindo que tenhamos que ganhar maestria completa sobre as emoções aflitivas. Para obter esse resultado, é preciso uma grande quantidade de esforço durante um período prolongado de tempo. Em vez disso, estou falando de um objetivo mais modesto, que é alcançar um tipo de estabilidade habitual. Esse estado é caracterizado por uma humildade natural e uma sólida paz mental. Estas qualidades, por sua vez, tornarão a mente mais gerenciável em nossa busca para desenvolver a compaixão.

Para concluir: na prática do cultivo mental, o esforço moderado durante um longo período é a chave do sucesso. Trazemos fracasso para nós mesmos quando nos esforçamos em excesso ou tentamos fazer demais no início. Ao fazer isso, é bastante provável que nós iremos simplesmente desistir depois de um curto período de tempo. Aquilo que uma boa prática realmente requer é um fluxo de esforço constante: uma postura de sustentação e persistência baseada em um compromisso de longo prazo. Por esta razão, praticar adequadamente, mesmo que por um curto período de tempo, é o melhor. A ênfase deve ser na qualidade e não na quantidade. E, acima de tudo, devemos lembrar que todo o propósito de nossa prática é nos tornarmos seres humanos mais compassivos.

POSFÁCIO

Neste livro, meu intento foi descrever o que considero serem os elementos-chave de uma abordagem puramente secular da ética e da promoção dos valores humanos básicos. É um projeto com o qual estou comprometido desde que compreendi que nenhuma religião pode ter a esperança de satisfazer a todos. Simplesmente existe um número muito grande de disposições mentais diferentes entre os 7 bilhões de habitantes do nosso planeta para isso ser possível.

A motivação em realizar este trabalho reflete a minha firme convicção de que quando cada um de nós aprende a apreciar a importância crucial da ética e a fazer dos valores internos, como a compaixão e a paciência, parte integral da nossa perspectiva básica da vida, os resultados serão imensuráveis. Espero ter demonstrado, em nível individual, que isso nos trará maior felicidade e dará verdadeiro propósito e significado para nossas vidas. E, no que se refere à sociedade, à medida em que persistimos em nossa prática, há a chance verdadeira de decisivamente avançarmos na direção de uma cultura que seja menos materialista e mais atenta aos nossos recursos espirituais, internos. E os benefícios de fazermos isso serão compartilhados por todos.

Frequentemente me perguntam se sou otimista em relação ao futuro da humanidade. Minha resposta simples é sim. No início do século XX, por exemplo, acreditava-se largamente que a solução para qualquer conflito sério deveria vir através do uso da força. Felizmente essa visão já não é generalizada. Hoje, pessoas em toda parte estão fartas de guerra e desejam genuinamente buscar meios não violentos para resolver suas diferenças. Da mesma forma, até bem recentemente a ciência e a espiritualidade eram consideradas decisivamente incompatíveis, e hoje, à medida que os avanços da ciência penetram cada vez mais profundamente a natureza da realidade, há um crescente reconhecimento de que esses dois domínios das ações humanas podem se complementar e, de fato, se complementam. Enquanto em um passado recente muitos não estavam cientes do impacto do comportamento humano sobre o meio ambiente, hoje a necessidade de sermos sensíveis ao impacto de nossas ações sobre o ambiente, especialmente quando se trata do desenvolvimento econômico, é um fato quase universalmente aceito. E, finalmente, enquanto o nacionalismo baseado em uma forte ligação com o próprio país de origem era uma força dominante até a última parte do século XX, atualmente, graças à nossa sempre crescente interconexão devido aos meios de comunicação e às migrações em massa, o apelo deste movimento diminuiu muito. Como resultado, a unicidade e a interdependência da humanidade estão, cada vez mais, tornando-se algo natural. Estas são algumas das razões para o meu otimismo.

Além disso, sempre acreditei no poder do indivíduo. No decorrer da história humana, muitos dos grandes acontecimentos que ajudaram a mudar o curso da humanidade surgiram por iniciativas individuais. E cada uma dessas iniciativas começou com uma visão e uma crença em um mundo novo e melhor. A campanha de William Wilberforce para abolir o comércio de escravos; o movimento não violento para a independência da Índia de Mahatma Gandhi; o movimento dos direitos civis encabeçado por Martin Luther King Jr.; ou a campanha da minha colega Jody William, ganhadora do Prêmio Nobel da Paz, para a proibição total de minas terrestres antipessoais — em cada um desses casos a inspiração veio de indivíduos. Igualmente, o aglomerado de indivíduos que apoiaram cada uma dessas campanhas ajudou a gerar uma mudança duradoura. Uma vez que a sociedade em si nada mais é que um conjunto de indivíduos, seres humanos como você e eu, se quisermos mudá-la cabe a cada um de nós dar a nossa contribuição.

Os membros da minha geração pertencem ao século XX, que já faz parte do passado. Durante esse século, os seres humanos experimentaram muitas coisas, incluindo guerras em grande escala. Como resultado do terrível sofrimento que isso causou, acredito que nos tornamos um pouco mais maduros, um pouco mais sábios. No século passado também avançamos bastante em termos materiais. Mas, ao fazermos isso, criamos desigualdade social e degradação ambiental, problemas com os quais temos que lidar agora. Cabe aos jovens de hoje construírem um mundo melhor do que aquele que herdaram. Muito está em suas mãos.

Tendo isso em conta, e também o fato de que uma mudança social efetiva só pode acontecer através do esforço individual, algo fundamental em nossa estratégia para lidar com esses problemas deve ser a educação da próxima geração. Esta é uma razão pela qual, durante minhas viagens, sempre tento chegar até as pessoas mais jovens e passar algum tempo com elas. Minha esperança e desejo é de que, um dia, a educação formal prestará atenção àquilo que chamo de educação do coração. Assim como consideramos inquestionável a necessidade de adquirir proficiência em temas acadêmicos básicos, aguardo ansiosamente a hora em que consideraremos inquestionável que as crianças aprendam, como parte de seu currículo escolar, a indispensabilidade de valores internos, tais como o amor, a compaixão, a justiça e o perdão.

Tenho esperança de que chegará o dia em que as crianças, como resultado da integração dos princípios da não violência e da resolução pacífica de conflitos na escola, estarão mais cientes de seus sentimentos e emoções, e sentirão um maior senso de responsabilidade, tanto em relação a elas mesmas quanto com o resto do mundo. Não seria maravilhoso?

Então, para fazer acontecer este mundo melhor, vamos todos, velhos e jovens – não como membros desta ou daquela nação, não como membros desta ou daquela fé, mas simplesmente como membros individuais desta grande família humana de 7 bilhões de pessoas – lutar juntos com visão, com coragem e com otimismo. Esta é a minha humilde súplica.

Dentro da escala da vida do cosmo, uma vida humana não é mais que um pequeno pontinho. Cada um de nós é um visitante neste planeta, um convidado, que tem apenas um tempo limitado para ficar. Não seria uma grande bobagem gastar esse curto tempo sozinhos, infelizes e em conflito com nossos companheiros visitantes? Certamente, muito melhor é usar nosso pouco tempo aspirando a uma vida significativa, enriquecida por um senso de conexão e de serviço aos outros.

Até o presente momento, deste o século XXI, se passou pouco mais de uma década; a maior parte dele ainda está por vir. Minha esperança é que este seja um século de paz, um século de diálogo – um século no qual uma humanidade mais solidária, responsável e compassiva irá emergir. Esta é também a minha prece.

Notas da tradutora:

1 Bodhgaya ou Bodh Gaya é uma cidade do distrito de Gaya, no estado de Bihar, na Índia. Está localizada a 96 km da capital deste estado, Patna. Historicamente, era conhecida como Bodhimanda. É o local mais sagrado do budismo, pois teria sido onde o fundador da religião, Sidarta Gautama, criou esta doutrina, por volta do século V a.C. Em 2002, o Complexo do Templo Mahabodhi de Bodhgaya se tornou um Patrimônio Mundial segundo a Organização das Nações Unidas para a Educação, a Ciência e a Cultura.

2 Charvaka, também conhecido como Lokayata, é um sistema da filosofia indiana que assume várias formas de ceticismo materialista, filosófico e que é indiferente à religião. Os primeiros textos do Charvaka foram escritos em torno do século 6 a.c, mas infelizmente se perderam. Por meio de pesquisas posteriores – se diz que esses pensadores acreditavam em uma perspectiva materialista rígida em que apenas as coisas que poderiam ser percebidas diretamente existiam. Alguns dos princípios fundamentais dessa doutrina eram: 1. Todas as coisas são feitas de terra, ar, fogo e água; 2. Aquilo que não pode ser percebido não existe; existir implica ser perceptível; 3. O céu e o inferno nada mais são que invenções. A única meta dos seres humanos é desfrutar os prazeres e evitar a dor; e 4. Fornecer uma boa vida para os sacerdotes é uma explicação suficiente para a prática da religião. Os membros desta escola não acreditam em ideias como: a alma, a reencarnação, os espíritos ou os deuses. Segundo eles, 'religião' nada mais é que uma fraude concebida pelos homens inteligentes que querem tirar vantagem dos outros. A alma ou consciência pode ser explicada em termos naturais como um efeito colateral de se ter um corpo saudável: Quando o corpo morre, a consciência simplesmente desaparece. Para os Charvaka, não há existência que não seja o corpo físico.
A atitude em relação à conduta humana na escola Charvaka é muito flexível. O certo ou o errado são vistos como convenções meramente humanas. Eles acreditam que o 'cosmo' era

indiferente ao comportamento humano. Se esta vida é tudo o que existe, se não existe vida após a morte, então devemos viver desfrutando a vida física o melhor que pudermos.

3 Nalanda era um grande monastério budista com função de universidade no antigo reino de Magadha (atual Bihar) na Índia, aclamado como Mahavihara (cuja tradução é: Grande Monastério). Este lugar se localizava a cerca de 95 km ao sudeste de Patna e foi um importante centro de aprendizagem do século V ao século XII. Nalanda floresceu sob o patrocínio do Império Gupta nos séculos V e VI, e mais tarde sob o domínio de Harsha – o imperador de Kannauj. As tradições culturais liberais herdadas da idade Gupta resultaram em um período de crescimento e prosperidade até o século IX. Os séculos seguintes foram uma época de declínio gradual, um período durante o qual o budismo tântrico desenvolveu-se no leste da Índia sob o domínio do Império Pala. No seu auge, Nalanda atraiu eruditos e estudantes de várias partes, como Tibete, China, Coreia do Sul e Ásia Central. As evidências arqueológicas também demonstram um contato com a dinastia Shailendra da Indonésia. Por volta de 1200, a Universidade de Nalanda foi saqueada por invasores muçulmanos.

4 Rumo a uma verdadeira afinidade entre as crenças, em tradução livre, sem publicação no Brasil.

5 O lago Manasarovar está situado na cidade de Ngari, a mais de 1.600 km a oeste de Lassa, no Tibete. Está a uma altitude de 4.585m, sendo o lago de água doce mais alto do mundo. Sua superfície total é de aproximadamente 400km^2 e sua profundidade de 90m. Está separado do lago Rakshastal por apenas alguns quilômetros, e na mesma região do Monte Kailash, que fica a 30km ao norte. O rio Sutlej, o rio Bramaputra (chamado no Tibete de Yarlung Zangpo), o rio Indo, assim como o rio Karnali (chamado de Ghaghara na Índia), que é um afluente do Ganges, têm suas nascentes nas proximidades.

6 Khmer Vermelho foi o nome dado aos seguidores do Partido Comunista da Kampuchea, que governou o Camboja de 1975 a 1979. Após tomar o poder, a liderança do Khmer Vermelho mudou o nome do país para Kampuchea Democrático. O Khmer Vermelho submeteu o Camboja a um radical processo de reforma social, que tinha como objetivo a criação de uma sociedade comunista puramente agrária. Os moradores das cidades foram deportados para o campo, onde se agregaram à população local e foram submetidos ao trabalho forçado. Estima-se que cerca de 2 milhões de cambojanos tenham morrido em ondas de assassinatos, tortura e fome.

7 A Guerra da Bósnia foi um conflito armado que ocorreu entre abril de 1992 e dezembro de 1995 na região da Bósnia e Herzegovina. A guerra foi causada por uma combinação complexa de fatores políticos e religiosos: o fervor nacionalista, crises políticas, sociais e de segurança, que se seguiram ao fim da Guerra Fria e da queda do comunismo na antiga Iugoslávia. Essa guerra organizou territórios etnicamente e redefiniu as categorias étnico-nacionais – sérvia, croata e bósnia (muçulmana).

Enquanto os soldados combatiam nas linhas de frente, inúmeras eram as atrocidades testemunhadas em outros campos de batalha: casas, vilas, cidades, campos de detenção e concentração e os campos de estupro.

8 Em apenas cem dias, em 1994, cerca de 800 mil pessoas foram massacradas em Ruanda por extremistas étnicos hutus. Eles vitimaram membros da comunidade minoritária tutsi, assim como seus adversários políticos, independentemente da sua origem étnica.

9 Tib. Kun-'dro nga; Sânsc. sarvatraga – estes cinco fatores mentais, chamados onipresentes e também traduzidos como "sempre presentes", "acompanhantes de todas (as mentes)", surgem sempre concomitantemente a cada estado mental. Isto descreve a capacidade mental básica de cada ser senciente em perceber um objeto. Estes fatores onipresentes funcionam quase simultaneamente, com extrema rapidez,

assim como um relâmpago. Ser ciente que algo é percebido pela mente implica a presença desses cinco fatores. Se algum deles estiver ausente a experiência do objeto será incompleta.
1) Tib. regpa; Sânsc. sparśa – contato: compreende o objeto sensorial, o órgão sensorial e a consciência sensorial. Quando a consciência sensorial percebe um objeto através do órgão sensorial, provoca a sensação ou sentimento de felicidade, de sofrimento ou um estado neutro. Esta consciência serve de base para a sensação. Se não existisse o contato não haveria forma de sentir.
2) Tib. tshoba; Sânsc. vedana – sensação: como resultado do amadurecimento kármico das ações virtuosas, não virtuosas ou neutras, experimenta-se felicidade, sofrimento ou estados neutros. Se não existisse a sensação não haveria o regozijo com o objeto.
3) Tib. dushes; Sânsc. saṃjñā – percepção/reconhecimento/ discriminação: significa o ato de distinguir as características dos objetos nos quais uma das cinco consciências sensoriais está empenhada. Se não existisse a percepção, as características específicas do objeto não poderiam ser percebidas.
4) Tib. semspa; Sânsc. cetanā – volição/intenção: é o fator mental que direciona a mente para o objeto, que pode ser virtuoso, não virtuoso ou neutral, produzindo um estado mental co-respectivo. Se não existisse a intenção, não haveria o movimento em direção ao objeto, assim como não haveria contentamento.
5) Tib. yid-la byed-pa; Sânsc. manaskara – atenção: é o fator mental que direciona a mente a um objeto em particular, que está sendo observado. Se não existisse a atenção não haveria apreensão do objeto.

QUE MUITOS SERES SEJAM BENEFICIADOS.

Impresso na gráfica Vozes sobre o papel Pólen Bold 90g. Foi utilizada a tipografia Joanna MT e Priori. Setembro de 2021.